α plus《アルファ プラス》

入試突破

頻出

難関私大の現代文

早稲田予備校講師
斎藤 隆

開拓社

目次

本書の特徴・本書の使い方……4

近代批判

1 森　鷗外「混沌」……早稲田大（政経）6
2 柳　宗悦「労働と美」……早稲田大（政経）17
3 村上陽一郎「安全学」……中央大（総合）30

現代文明批判

4 山崎正和「歴史の多元化と家族」……早稲田大（文）41
5 黒井千次「流れと切れ目」……学習院大（文）52
6 梅原　猛「思うままに」……早稲田大（人間）63
7 黒崎政男「自動機械が問う『生命』」……学習院大（法）72
8 藤原新也「ネットが世界を縛る」……立命館大（文系）82

⑨ 加藤 周一「夕陽妄語　私が小学生だった時」……学習院大（文）92
⑩ 中村雄二郎「臨床の知とは何か」……国学院大 103

芸術論

⑪ 川崎 展宏「芭蕉の一句の今日的問題」……早稲田大（文）116
⑫ 正岡 子規「句合の月」……早稲田大（政経）126
⑬ 高村光太郎「彫刻の面白味」……早稲田大（政経）136

エッセイ・小説

⑭ 二葉亭四迷「平凡」……早稲田大（国際）147
⑮ 和辻 哲郎「茸狩り」……早稲田大（政経）160
⑯ 夏目 漱石「思い出す事など」……早稲田大（政経）171

本書の特徴

●本書は、主として**早大の入試問題**を解くことにより、難関私大入試の現代文問題に対応しうるハイレベルの実力を養成するための参考書である。

●本書においては、二つの大きな目標を設定している。

●第一は、**明治・大正・昭和前半期の難解な文章**に対応できる読解力の強化である。この種の文章は、例年、一定程度の出題がなされていたが、近年において顕著な増加傾向にある。つまり、早大（政経）（文化構想）、上智大（経済）、明大（法）、青山学院大（文）、中央大（法）等で、この種の古い文章は頻出であり、出題数は明らかに増加しているので、対策をしっかり立てる必要がある。そのためには、古い文章に慣れることが不可欠であり、本書は早大（政経）出題の頻出著者の文章を中心に7題掲載した。→ 1・2・12・13・14・15・16

●第二に、受験生が一般的に苦手意識を持っている、**近代批判、現代文明批判（特に、ＩＴ革命、家族制度、愛など）、哲学、芸術論、エッセイ・小説**といったジャンル、論点、テーマを、頻出著名著者の文章を題材としてマスターすることを目指している。

●本書は、**解説書によって正解が異なるような設問**が多く含まれる難問を、よりすぐって作成した。難問に粘り強く向かっていく積極的姿勢を身につけることこそが、合格への近道になるのである。

本書の使い方

(1) 演習の必要性

① 必ず、**実際に問題を演習**してから、解説を読むようにしよう。

② 演習の時間については、直前期に**本番モード**でやる時は**30分**、**そうでない時**は**40～50分**でやるとよい。
③ 本番モードの時は、参考資料は何も見ないで、やるべきである。

(2) 演習後のポイント

① 正解率は、あまり気にしない方がよい。要は、本番までに弱点を補強しておくことが大切だからである。
② 逆に、正解率が良かった時も、解説はよく読んでほしい。**論理力アップ**を図るために、自分の解き方とどのように違うのかという点にポイントを置いて、丁寧に読むことをおすすめする。
③ 語句の解説において、「大辞林」「広辞苑」等と意味の異なる場合もある。が、これは本書が**各専門分野での最先端の議論**を踏まえて、**入試本番でよく使われる意味**を重視しているためである。
④ **語句説明**、**解説**等における、**太字**になっている語句は入試で頻出なので、その説明とともに覚えるようにしよう。
⑤ **本問の価値**は、著者の傾向・出題率、当該問題の重要性、論点・テーマの解説等、について記述している。
⑥ **解説**は、ポイントを押さえて、簡潔に説明することを心がけた。
⑦ 各設問の**解説**の**(難)**、**(やや難)**は、解説書により判断が分かれる場合が少なくない。特に、**(難)**の設問は、本番でミスをしても致命傷にはならないが、正解出来れば、他の受験生に差をつけられる。解説をよく読み、解き方をマスターしよう。積極性こそが、合格を決めるのである。
⑧ **解答**には、推定合格点、問題全体のレベルを表示した。問題全体のレベルは**難**・**やや難**・**標準**の3段階表示にした。各設問の配点は推定であり、各設問のレベルも右の3段階で表示しておいた。

次は森鷗外の「混沌」と題する文章の一節である。これを読んで、あとの問いに答えよ。

私の津和野を出た時は僅かに十四ばかりの子供であった。それだから人を観察するどころではなく、何も分からなかった。後に洋行した頃になると、私も二十を越しておりましたから、幾らか世の中の事が分かるようになっていました。その頃日本人が欧羅巴《ヨオロッパ》に来る度に様子を観ておりました。どうも欧羅巴に来た時に非常にてきぱき物のわかるらしい人、まごつかない人、そういう人が存外後に大きくならない。そこで私は椋鳥《むくどり》主義ということを考えた。それはどういうわけかというと、西洋にひょこりと日本人が出て来て、いわゆるA椋鳥のような風をしている。非常にぼんやりしている。そういう椋鳥がかえって後に成功します。それに私は驚いたのです。小さく物事が極《き》まって居るのはわるい。譬《たと》えて見れば［　B　］そういうように私は感じました。何だか締りのないような椋鳥臭い男が出て来て、そういうのが後に帰る頃になると何かしら腹の中に物が出来て居る。そういう事を幾度も私は経験しました。物事の極まっているのはかえって面白くない。今夜私はお饒舌《しゃべり》をしますが、このお饒舌に題を付ければ、混沌とでもいって好いかと思う。ただ混沌が混沌でいつまでも変化がなく活動がなくては困りますが、その混沌たる物が差し当り混沌としているところに大変に味わいがある。どうせ幾ら混沌とした物でも、それが動く段になると刀も出れば槍も出れば何でも出て来る。いずれ動く時には何かしら出て来る。けれどもその土台は混沌として居る。余り綺麗さっぱり、きちんとなっているものは、動く時に小さい用には立つが、大きい用に立たない。小才というのもそんなような意味ではないかと思うのです。ここで私は心理学の歴史を顧みる。前世紀に盛んに行われた心理学は写象ということを土台にしておった。これが日本で教育の為事《しごと》などに着手した時代の心理学であります。物が数学のような知識の運転で出来ているように考えた。譬えて見れば色々の知識が簞笥《たんす》の中に旨く順序を立ててしまってあるように考えたのだ。それへ持って行って新しい知識を入れれば、どの部分に入れるというように、人の心が発達して行くものと説いてある。この譬喩のように簞笥が余り立派に出来ていると、大きい新しい物がはいって来た時に、どの抽斗《ひきだし》にいれようかと思ってまごつく。そのうちに入れ場がなくなってついついそれを取りそこねるというような事になる。こんな事を申して、私の意を酌み取って下さる事が出来るか知らぬが、器量が小さいというのは余り物が極まり過ぎているのではないかというのです。さて今日は世間の事が非常に変って行く時代である。先ず人の世を渡るに必要なる道徳などというものも、それは学問の上では色々な学者の異論がありますが、とにかくこういう事は善い事、こういう事は悪い事ということを、つい近頃まで極め過ぎておった。しかし今日極力この極まった道徳を維持して行こうと思っても、これが巡査の力や何かを借りて取り締って行けるものではない。大きな頭の奴が出て来て、例えば哲学者の Nietzsche あるいは詩人の Ibsen、そういうような人が出て来て、全然今までの人の考えと変った考えを発表する。その考えの影響が世界中に拡まって大きな波動が起って来る。そういう時に今までのC簞笥の抽斗に記号を附けたやり方ではどうにもならない。途方に暮れてしまう。こんな時代には簞笥に物をしまうような流儀は、物に極まりを附け過ぎていて駄目である。一人一人の上について言うと、この際小才は用に立たぬ。これに反して椋鳥のような、ぽっと出のような考えをもっていて、どんな新思想が出ても驚かない。これは面白いと思って、ぼんやり見ていると、自分の一身の中にもその説の言う所に応ずる物がある。彼の混沌たる物の中には、幾ら意表に出た、新しい事を聞いても、これに応ずる所の物がある。頭からそれに反抗するには及ばない。構わず自分の一身の中にある物に響きの如く応ぜさせて見る。それには余り窮屈な考えを持っておってはいけない。今の時代では何事にも、Authority というようなものがなくなった。古い物を糊張にして維持しようと思っても駄目である。Authority を無理に弁護しておっても駄目である。或る物は崩れて行く。色々の物が崩れて行く。それならば崩れて行って世がめちゃめちゃになってしまうかというと、そうではない。人は混沌たる中にあらゆる物を持っているのでありますから、世の中に新思想だとか新説だとかいうものが出て来て活動して来ても、どんな新しい説でも人間の知識から出たものである限りは、我々もその萌芽を持っていないということはないのです。どんな奇抜な議論が出て来ても多少自分の考えの中にその萌芽を持っている。ただ誰かが今まで蔭になっていた事をあかるみへ出して盛んに発揮するから不思議に見えるに過ぎない。それで私は今混沌ということをお話するのです。諸君は混沌という事をどう見ます。めちゃめちゃになるという事ではない。また混沌が何時までも混沌に安んじていられるものでもない。部屋の中でも其処《そこ》らがごたごた散らかっていれば誰でも整理しなければならぬ。整理は厭でもします。整理はするけれども混沌たるものは永く存在する。綺麗さっぱりと整理せられるはずのものでない。思想とか主義とか何とかいうものが固まるのは物事を一方に整理したのである。第一の整理法の外に第二の整理法がある。一の法ばかりを好いと思っているのは間違っている。

（注）「津和野」……森鷗外の出身地。現在の島根県津和野町。
「Nietzsche」……ドイツの哲学者ニーチェ。
「Ibsen」……ノルウェーの作家イプセン。

問一　問題文を内容の上から四つの段落に分けたとき、第三段落のはじまりはどこか。該当する文の最初の四字を書け。

問二　傍線部Aの「椋鳥のような風」について次の問いに答えよ。

（1）この「椋鳥のような風」の表現技法を何というか。次のイ～ホの中から一つ選べ。

イ　隠喩　　ロ　擬人法　　ハ　擬態語　　ニ　誇張法　　ホ　直喩

（2）この「椋鳥のような風」とはどのような意味で用いられているか。次の川柳を参考にして、問題文中から最も適当な表現を五字以内で抜き出し、書け。

椋鳥も毎年来ると江戸雀（誹風柳多留）

（3）この「椋鳥のような風」と対照的な人間のありかたを表わす語句を、問題文中から漢字二文字で抜き出せ。

問三 空欄 B に入る表現として最も適当なものを、次のイ〜ニの中から選べ。

イ 物を入れる器がない。そこで欧羅巴などへ出て来て新しい印象を受けて、それを貯蓄しようと思った所で、肝心の器がないのだからどうしようもない。非常に不用意である。

ロ 器の中に物が充実している。そこで欧羅巴などへ出て来て新しい印象を受けて、それを貯蓄しようと思った所で、器に一ぱい物が入っていて動きが取れぬ。非常に窮屈である。

ハ 器があまりにも多すぎる。そこで欧羅巴などへ出て来て新しい印象を受けて、それを貯蓄しようと思った所で、どの器に入れていいのか分からなくなる。非常に不経済である。

ニ 器の底が抜けている。そこで欧羅巴などへ出て来て新しい印象を受けて、それを貯蓄しようと思った所で、入れるだけ無駄である。非常に空虚である。

問四 傍線部Cで「箪笥の抽斗に記号を附けたやり方」を著者が否定的にとらえているのはなぜか。その理由として最も適当なものを、次のイ〜への中から選べ。

イ 新しい大きな変化を決まったかたちで整理することには無理があるから。

ロ 箪笥の抽斗というようなものには数と大きさにおのずと限りがあるから。

ハ そもそも人間の知識が箪笥の抽斗に整頓できるようなものではないから。

ニ 箪笥が立派すぎるとその抽斗につける適当な記号が見つかりにくいから。

ホ 箪笥の抽斗に記号をつけてもその記号が時代につれて意味を変えるから。

へ 物にきまりをつけることと箪笥の抽斗に記号をつけることとは違うから。

問五　問題文の大意に最もよく合致するものを、次のイ～への中から選べ。

イ　いわゆる「椋鳥のような風」をしている人は、簡単なことでは驚かないゆえに、将来成功する可能性がかえって高い。

ロ　時代の大きな変化は、既成の枠組みで対処するより、むしろ混沌たる土台で受けとめていったほうがよい。

ハ　世の中全体が混沌としているとき生きてゆくためには、個人の内部もそれに呼応して混沌としている必要がある。

ニ　「椋鳥主義」は、これまでにない第二の整理法として、今後は従来の整理法とともに大いに用いられるべきである。

ホ　「椋鳥主義」も一つの整理法である以上、そればかりをよいと思うのは間違っている。

へ　今日では新思想や新説が次々と登場するが、それらは人間の知識から出たものであって、本当に新しいということは実際にはない。

問六　次の中から森鷗外の作品を三つ選び、イ～への記号で答えよ。ただし、成立の早い時期の作品から順番に並べること。

イ　浮雲　ロ　雁　ハ　三四郎　ニ　渋江抽斎　ホ　舞姫　へ　李陵

（早稲田大（政経））

出典

森鷗外「混沌」の一節。

語句説明

混沌《こんとん》（リード文）……物事が入り交じって、はっきりしない状態。混乱。**カオス**。

存外《ぞんがい》（4行目）……案外。意外。

お饒舌《しゃべり》（10行目）……**饒舌**《じょうぜつ》（**冗舌**《じょうぜつ》）は読みで頻出。

譬喩《ひゆ》（20行目）……比喩《ひゆ》。たとえ。

萌芽《ほうが》（41行目）……はじまり。きざし。芽生《めば》え。読みで頻出。

要約

ヨーロッパに来て、てきぱき物のわかるらしい人は後で大きくならない。そこで椋鳥主義ということを考えた。椋鳥のようにぼんやりとしている方が後に成功するからである。今は変化の激しい時代である。椋鳥のようにぼんやり、混沌としている人の方が、大きな変化に対応する能力も高いのではないか。

本問の価値

受験生諸君は、森鷗外の文章は難解という先入観を持っているだろうが、本問は平易で、たとえもわかりやすい。鷗外は、入試頻出著者であるので、本文をよく読み込んで苦手イメージを払拭《ふっしょく》してほしい。ちなみに、最近の鷗外の主な出題状況は以下の通りである。

センター試験「護持院原の敵討」
早稲田大（国際）「最後の一句」
早稲田大（文構）「魚玄機」
上智大（経済・神学）「心頭語」
明治大（文）「サフラン」
青山学院大（文・教育人間）「礼儀小言」
国学院大「知恵袋」

本文は、江戸時代までの型にとらわれた伝統一本やりの時代と、明治の新時代との落差への対応の仕方について論じている。鷗外は「椋鳥主義」という表現を使い、「ぽっと出」の人物が大成していき、これまでの秀才型は小さくまとまり過ぎて、役に立たないとしている。新思想にしろ、新説にしろ、人間の知識から出たものである以上、むやみに恐れることはないと説く。

当時の「近代化」「国際化」は、現代では「グローバル化」に相当しよう。しかし、今日、相変わらずエリートと呼ばれる人々の価値基準は、かつてのままであり、その価値基準により、グローバル化に何とか対応しようとしている。鷗外は、当時のエリート中のエリートである。その人が「椋鳥主義」を提唱しているのは興味深い。そうしたことを重ね合わせて読むと、視野が広がるであろう。

解説

問一《段落分け問題》（難）

論旨の展開を正確に把握する必要がある。以下で、四段落構成（1〜4）の内容を確認する。

1（導入部。結論の概説）

留学経験から「椋鳥主義」ということを考えた。

椋鳥のようにぼんやりしている人の方が、小さく物事がまとまっている人より、後には成功する。

2（前世紀の心理学への批判）（10行目「今夜私」以下）

前世紀の心理学は、知識が頭の抽斗に整理されると考えていた。しかし、それがきちんとし過ぎていると、大きい新しい物が入って来た時に、まごつく。

器量が小さいというのは、余り物が極まり過ぎているのではないか。

3（自説の主張）（23行目「さて今日」以下）

今日は大きな変化の時代であり、今までの箪笥に物をしまうようなやり方では、どうにもならない。

これに反して、椋鳥のような人が、新思想が出ても混沌によって受け止めることができる。

4（自説の結論＝混沌の意義）（36行目「今の時代」以下）

人は、混沌たる中に、あらゆる物を持っている。新思想や新説が出てきても、我々もその萌芽をもっている。

思想や主義が固まるのは、物事を一方に整理したものである。この第一の整理法の外に、混沌による第二の整理法がある。一の法ばかりを好いと思うのは間違いである。

問一は、**対比**に注目すると正確に読解できる。問一のような「段落分け問題」が出来ないと、問二以下に悪影響を及ぼすので、よく復習しておこう。

問二《表現技法を問う問題・抜き出し問題》（やや難）

(1)《表現技法を問う問題》（標準）

人を「椋鳥」にたとえ、「ような」と比喩を明示しているので、**直喩（ホ）**である。

イ（×）「隠喩」は、「ように」「ような」などの言葉を使わない比喩。←

ロ（×）「擬人法」は、人間以外のものの状態を人間のそれにたとえたもの。

ハ（×）「擬態語」は、物事の状態をそれらしく表現した言葉。「そよそよ」「ふらふら」など。

ニ（×）「誇張法」とは、実際よりおおげさに表現する方法。

(2)《抜き出し問題》（やや難）

川柳の「椋鳥」と「江戸雀」を対比すると、「椋鳥」は「田舎者」の意味とわかる。「田舎から出て来たばかりの人」の意味の「**ぽっと出**」（32行目）を抜き出す。

(3)《抜き出し問題》（やや難）

「椋鳥のような風」が後に成功する例なので、その反対の語を探す。「**小才（こさい・しょうさい）**」（15・32行目）は「少しばかりの才能」のことで、否定的なニュアンスを持つ場合が多い。

問三《空欄補充問題》（やや難）

空欄には、その直前の「小さく物事が極まって居るのはわるい」の「譬《たと》え」が入ることになる。「小さく物事が極まって居る」に注目すれば、「綺麗に整理（「充実」）しすぎて新しいものが入らない」という**ロ**が選べる。←

イ（×）「器がない」が論外。

ハ（×）「器があまりにも多すぎる」が「小さく物事が極まって居る」とズレる。

ニ（×）「器の底が抜けている」が論外。

問四《理由説明問題》（やや難）

この問題は問三と関連している。

理由説明問題では、傍線部の前後の文脈をまとめてみることが必要である。すると、「物事が非常に変わって行く時代においては、大きな変化を今までのように決まった形で箪笥の中に整理できるのかは疑問である」と言っていることがわかる。従って、**イ**が正解となる。

←

ロ（×）「数と大きさ」の「限り」ではなく、本問では「処理の方法」が問題になっている。

ハ（×）本文と関係のない、単なる一般論になっている。

ニ（×）「箪笥が立派すぎる」という記述は本文にない。

ホ（×）「記号が時代につれて意味を変える」という記述は本文にない。

ヘ（×）「違う」が明らかに誤り。

問五《大意選択問題》（やや難）

「大意」とは「あらすじ・概要・大要」という意味である。

問一で説明したように、本文は「変動の時代においては、小才よりも、混沌を抱えた椋鳥主義の方が大成する」と述べている。このように読解できれば、**ロ**を選べる。

←

イ（×）第一段落で述べられているだけである。

ハ（×）「混沌」の内容を誤解している。

ニ（×）「椋鳥主義」の評価が低すぎる。

ホ（×）「間違っている」が誤り。マイナス評価しすぎている。

ヘ（×）「大意」とまでは言えない。

問六《文学史問題》（標準）

森鷗外の作品を成立順に並べると、

「舞姫」（ホ）―初期のドイツもの

「雁」（ロ）―青春もの

「渋江抽斎」（ニ）―史伝小説

となる。

←

イ（×）二葉亭四迷の作品。

ハ（×）夏目漱石の作品。

ヘ（×）中島敦の作品。

解答

（合計点50点・合格点32点）**（やや難）**

問一　さて今日　（7点）**（難）**

問二（小計14点）**（やや難）**

(1) ホ　（4点）**（標準）**

(2) ぽっと出　（5点）**（やや難）**

(3) 小才　（5点）**（やや難）**

問三　ロ　（7点）**（やや難）**

問四 イ（7点）**（やや難）**

問五 ロ（10点）**（やや難）**

問六 ホ→ロ→ニ（完答で5点）**（標準）**

著者紹介

森鷗外（一八六二―一九二二）

小説家・劇作家・評論家・翻訳家・軍医。

本名は森林太郎。島根県（石見《いわみ》国）津和野生まれ。東大医科出身。「**しがらみ草紙**」「**スバル**」を刊行して多彩な文学活動を展開。漱石と並ぶ近代文学の重鎮。主な作品は「舞姫」「雁」「阿部一族」「渋江抽斎」、翻訳は「於母影《おもかげ》」「即興詩人」など。

次の文を読んで、あとの問いに答えよ。

労働が苦痛だという言葉が、字義的に本当になるのは労働が強制の形で行なわれる時であろう。それでこの定義は機械生産が盛んになるにつれ、論議されるに至った。機械は決定的で、みだりに人間の自由を許さない。それで人間が機械に使われるに至るので、仕事が面白くなくなるのである。ただ単調な反復で、何ら創造が伴わない。これが仕事から人間味を奪ってしまい、苦痛に沈み、いやいやながら働くことになってくる。

それゆえ機械産業では、働く人に特別な信仰や考え方がない限り、労働が苦痛を伴うのは避け難いことだといえよう。機械の性質が人間さから離れるからである。機械製品に［ 1 ］冷たいものが多いのは、一つには労働に歓喜が伴い難いからによろう。

ところが手仕事になると大変事情は違ってくる。手仕事でも強制的な場合は中々多くそのためつらいめをしなければならないことが、たびたび起ころう。しかし一つ機械の場合と異なる点は、手仕事には創造が許され、従って人間的な世界に住むことができる。それで手仕事でも無数の繰返しは行なわれるが、機械の場合と大いに趣きが違ってきて、一つ一つに或る自由が現れてくるのである。そうしてこの自由が時には喜悦を伴ったり、誇りを抱かせたり、責任を感じさせたりするのである。これがまた強制を忘れしめる力を縷々《るる》現すに至るのである。それに手仕事の場合は、創作が自由に許される場合があるため、進んで仕事に愉悦を感じさせ、時間をすら忘れて、夢中で働くに至ることさへ起こるのである。恐らく労働を歓喜と結ばしめる最も大きな力は、人間的な自由が許されるそのことに関係があろう。それゆえ手仕事の方には、ずっと美しい品、温かい品が多く現れてくる。

しかしかかる場合のみではなく、人生観に由来して、いかなる労働にも感謝を持つに至る時、苦痛は解消するであろう。① 苦痛があっても、それに心を縛られないからである。② 宗教的なものの考え方、即ち信心がこれを可能にする力であることは、大いに注意されてよいであろう。③ その苦痛は機械というごとき客観的な力にのみあるのではなく、自己の心の主観性にも由来する場合のあることを忘れてはなるまい。④ 自由を許すものは手の技のみではなく、自らの心それ自身の自由さが、仕事の苦楽を決定する大きな因となるからである。⑤ いかなる仕事にも宗教とか道徳とかが必要なのは、この心の自由を可能にするからである。この精神的な力があると、必然に仕事は誠実になり、勤勉になるから、作る品物にも美しさの要素が加わってくるのは必定である。

しかし労働と美との関係において、もう一つ最も興味のある問題は、労働が苦であるのと楽であるのとに関わりなく、労働するそのことが生み出す美のあることである。つまり労働を離れては生れて来ぬ美があることである。言葉を換えれば、或る種の美は、必ず労働するそのことを与件として現れることである。手仕事の場合、この性質が著しい。

しかもこの場合労働というのは、反復する労働、繰返しの技を指すのである。この反復はいわば単調であって、これが仕事に苦痛を与える一原因となるのは避け難いことであるのに、その単調が却って美を約束する一条件となる場合があるので、特に面白い問題を投げる。

栃木県の益子《ましこ》窯《がま》で、絵土瓶を描く皆川マスと呼ぶお婆さんがいる。十四歳の時から描き始め今は八十歳を越えたので、約六十五年も土瓶絵を描きつづけているわけである。画題は二十種近くもあるが、中で一番沢山描いたのは山水絵である。ところが先日お婆さんの放送があった。聞き手がお婆さんに「そんなに長年仕事しているからには、さぞ面白さがあって、今も続けてやれるのだろう」といった。ところがお婆さんは言下に「面白くなどありはしない」といったという。小さい時分には親から強いられてやり、大きくなっては貧乏から強いられた仕事で、単調な繰返しを、今もって重ねているわけである。B では面白味を欠いた、決して楽でないこの絵付けの仕事が、どうして美しさを生んでいるのか。好個の問題だといってよい。

さて、その長年の間、全体何個の土瓶絵を描いたかを通算してみると、驚くなかれ、四百万乃至《ないし》五百万個という数字が出てくるのである。いかに夥《おびただ》しい量であるかが分かる。ところがその土瓶絵の妙味は実にこの驚くべき繰返しの恩沢なのである。お婆さんの仕事ぶりを見ていると、いかに無造作に迅速に描くかが分かる。

さて、労働そのものは苦痛で一向面白くないのであるが、しかし、この無限の回数は、驚嘆すべき熟達を促し、仕事しながら何を話ししようが、何を考えようが、筆は客観的に、ちゃんと順序を踏んで早く運ぶ。つまり一々描くという意識を持たないまでに至る。それでいて筆に誤りは起こらぬ。それゆえお婆さんが描くには違いないが、寧《むし》ろ［C］が仕事をしているので、お婆さんの心にさえ左右されない。

つまり自分を越えた仕事に入る。ここで仕事の単調、苦痛すら、その出来栄えを邪魔しない。

だから繰返しには違いないが、一々が活きた繰返しになる。絵に決してだれた所がなく、いつも活々した美しさがあるのはそのゆえである。つまり昨日も描き明日も描くということではなく、只「今描く」という働きの連続になる。だから反復ではなくなって、[D]の無限な継承に転じる。ここが何度描いてもだれず、いつも美しい絵となる所以である。かかる美は労働のみが約束するものである。しかも苦痛とか歓喜とかいう問題にも左右されない美なのである。

禅宗は作務《さむ》ということをやかましくいう宗派である。作務は労働で、これが為であろう、禅宗の寺は[3]ガイして掃除が行き届き、寺内がきれいに整頓してある場合が多い。他宗には見られぬ美点である。しかも作務は修行の合間に働くとか、運動のためにするのとか、下男が傭《やと》えないので代わって寺僧が働くとかいう意味ではなく、実に作務そのものが修行なのである。活きた禅なのである。作務に在ることが宗教的生活に在ることなのである。

同じように例の土瓶絵などを見ると、工人が在って美しい絵付けをするというより、[C]が仕事をするというような趣きがあって、働くそのことが美に自らを顕現するとでもいおうか。働きを離れて別に美があるのではない。これに比べるなら美を狙う働きの如きは、未だ二義に堕したものといえよう。これを労働の本有の働きとでもいおうか。こうなると苦痛、喜悦の別のごときに左右されないのが本有の労働の面目だともいえよう。[E]それゆえ労働と美との関係は本来は不二なのである。

（注）「人間さ」…人間性・人間らしさ

問一　空欄 1 には「ややもすると」と同じ意味になるひらがな三文字の副詞が入る。その語を記せ。

問二　傍線部2の読みをひらがなで、傍線部3のカタカナを漢字で、それぞれ記せ。漢字は楷書で正確に記すこと。

問三　問題文の第四段落（「しかしかかる場合」以下）には、次の一文が脱落している。①〜⑤のどこに入るのが最も適当か。

従って労働を苦痛として受け取ることが、懐疑心や虚無的な考え方に由来する場合のあることも留意されてよい。

問四　傍線部Aの内容を、労働の視点から端的に言い換えている箇所を、これより後の問題文中から十五字以上二十字以内で抜き出せ。

問五　傍線部Bに「では面白味を欠いた、決して楽でないこの絵付けの仕事が、どうして美しさを生んでいるのか」とあるが、筆者はその理由をどう考えているか。最も適当なものを、次のイ〜ニの中から選べ。

イ　皆川マスお婆さんの天性の才能によって、単調な繰返しに過ぎないこの仕事が、驚くべき複雑さと巧緻さに到達しているから。

ロ　一見、単調で苦痛に見えるこの仕事のなかに、皆川マスお婆さんが真の喜びと感興を見いだして、嬉々として仕事に打ち込んでいるから。

ハ　皆川マスお婆さんの場合は、その好悪や心理状態にかかわらず、単調で苦痛に満ちた仕事であること自体が、美を生み出す条件となっているから。

ニ　美というものが、本来、喜びや面白味のなかからではなく、皆川マスお婆さんの場合のように、刻苦と厳しい鍛錬のなかから生まれるものであるから。

問六　空欄 C （二箇所ある）には、同じ語が入る。最も適当なものを、次のイ～ヘの中から選べ。

イ　苦痛　ロ　仕事　ハ　時間　ニ　美　ホ　筆　ヘ　無意識

問七　 D に入る語句として最も適当なものを、次のイ～ホの中から選べ。

イ　確実な進歩　ロ　緊張の持続　ハ　新鮮な現在　ニ　断続する時間　ホ　蓄積された経験

問八　空欄 E に入る文として最も適当なものを、次のイ～ニの中から選べ。

イ　この面目は実は嘗て美と一つであった場合がある。

ロ　この面目は実は嘗て美と一つでなかった場合がある。

ハ　この面目は実は嘗て美と一つであった場合はない。
ニ　この面目は実は嘗て美と一つでなかった場合はない。

問九　問題文における筆者の見解と合致するものを、次のイ〜ホの中から一つ選べ。
イ　機械生産が盛んになり、労働から人間味が奪われて、文字通り強制の形でおこなわれるようになった結果、それまでの手仕事が持っていた創造的な要素が失われて、労働は人間にとって苦痛なものと意識されるにいたった。
ロ　労働を苦痛と考えるかどうかの判断が、機械や手仕事といった客観的な条件によるものではなく、心の自由を可能にする宗教や道徳などの精神的な力に負うところが大きいことは、否定することができない。
ハ　労働することが生み出す美というものが、しばしば単調な繰返しのなかにあらわれると考えるのは、客観的な立場からの判断であって、実際には複雑で無限の変化と面白みに富んでいることが、美を作り出す要因になっている。
ニ　禅宗の作務は、労働ではあっても強制を伴わない自発的な修行として位置づけられているので、働くという意識そのものがなくなって、人間的な自由な境地に遊ぶことができるようになることが、理想とされている。
ホ　労働と美との関係が本来不二であるということの意味は、労働と美とはもともと切り離すことがてきず、美的であることをめざせばめざすほど、労働としての質も向上して、働くことが芸術活動そのものになっていくということである。

問十 問題文の筆者は、日本の民芸運動の創始者として知られる柳宗悦である。柳は、明治四十三年（一九一〇）に武者小路実篤・志賀直哉らと同人雑誌を創刊し、人道主義的な立場から芸術運動にたずさわった。その雑誌の名前を記せ。

（早稲田大（政経））

出典

柳宗悦《やなぎむねよし》「労働と美」（『柳宗悦全集』第十巻所収）

語句説明

みだりに（2行目）……正当な理由もなく。（下に禁止をあらわす語がくる）
喜悦《きえつ》（13行目）……心から喜ぶこと。歓喜。
縷々《るる》（14行目）……とぎれなく続くこと。
愉悦《ゆえつ》（15行目）……心から楽しむこと。**満悦**《まんえつ》。
与件《よけん》（28行目）……与えられていること。与えられているもの。**所与**《しょよ》。
言下《げんか》（37行目）……言い終わった直後。
好個（39行目）……ちょうど良いこと。
妙味《みょうみ》（42行目）……非常に深い味わい。**醍醐味**《だいごみ》。
恩沢《おんたく》（43行目）……めぐみ。おかげ。恩恵。
所以《ゆえん》（53行目）……わけ。理由。
顕現《けんげん》（61行目）……はっきり現れること。
二義《にぎ》（62行目）……あまり重要でない。
不二《ふじ》（64行目）……二つでなく、同一であること。

要約

労働は何らかの苦痛を伴う。しかし、そこに心の自由が許されている場合には、美しい品物が作り出される。また、反復を前提とする労働によって生まれる美がある。このように、労働と美は実質的に同一ともいえる。それが労働と美との関係であり、「手仕事」がこの性質を最もよく示している。

本問の価値

本文を読むと、「単調・強制→絶対的なマイナス」という常識（近代原理）が痛快に逆転していくのが、わかる。まさに、近代批判の名著といえる。読んでいて、実に愉快だ。

この種の切れ味の鋭い文章を、難関私立大は（難関国立大も）、好んで出題する。

受験生諸君も、肩の力を抜いて、今の世の「常識」を、「当然」とか、「最高価値のもの」とは思わずに、柔軟な感性をもって、本文に対応していただきたい。

柳宗悦氏の文章は、最近よく出題されるようになった。主な出題状況は以下の通りである。

京大（前期）「民芸の意味」

京大（後期）「工芸文化」
一橋大（前期）「工芸の教え」
上智大（経済・神学）「漢薬の能書」
青山学院大（文）「茶と美」
青山学院大（教育・日文）「蒐集について」
南山大（外・法）「民芸の意味」

柳氏の文章の根底には**「民芸」**の思想がある。**「民芸」**とは、氏の造語である。つまり、一般人が日常生活に使う実用的な工芸品、食品、家具等の美、埋もれていた美に注目することの重要性を提唱している。

解説

問一《文法・記述問題》（やや難）

「ややもすると」は「どうかすると」「ともすれば」という意味である。「副詞」という指定からは、「とかく」が正解である。

問二《漢字の読み・書き取り》（標準）

2「必定」（ひつじょう）は、「必ずそうなると予想される」という意味。

3「概《がい》して」は「おおむね。おおよそ。一般に。だいたい」という意味。

問三《脱文挿入問題》（やや難）

脱文挿入問題は**頻出**であり、一般的に難度が高い。**接続語**、**指示語**に注目することが必要となる。

(1)③の直後の一文の「その苦痛」が、脱文の「苦痛」を受けていること、← **(2)**③の直後の一文が脱文と同旨であること、に注目すれば、**③**が正解になる。←

①（×）①の直後の一文は、直前の一文の理由になっている。
②（×）②の直後の一文の「これ」は、直前の一文の「苦痛に心を縛られないこと」を受けている。
④（×）④の直後の一文は、直前の一文の理由になっている。
⑤（×）⑤の直後の一文は、直前の一文の理由になっている。

問四《抜き出し問題》（難）

⑴設問文の「**労働の視点**から」「端的に言い換えている」に注目する。

⑵「**与件**」とは「与えられた条件」という意味である。

⑶傍線部と直前の二つの文が同旨であることに着目する。

⑷以上からすると、「**働くそのことが美に自らを顕現する**」（61行目）が正解となる。

←

「美は労働のみが約束するものである」（53行目）（×）……「労働の視点から」の「言い換え」ではないので、不適。

「労働と美との関係は本来は不二なのである」（64行目）（×）……やはり、「労働の視点から」の「言い換え」ではないので、不適。

問五《理由説明問題》（標準）

⑴傍線部の直前の段落の「その単調が却って美を約束する一条件となる場合がある」（31行目）に注目する。その具体例が「皆川マスお婆さん」なのである。

⑵傍線部直後の三つの段落（八〜十段落）の論旨も把握する必要がある。

⑶以上からすると、**ハ**が正解となる。

←

イ（×）「驚くべき複雑さと巧緻さ」の部分が誤り。

ロ（×）「真の喜びと感興」の部分が誤り。

ニ（×）「単調さ」に触れていないので誤り。

問六《空欄補充問題》（難）

60行目の C を含む一文の文脈に注目するとよい。

←

「C が仕事するというような趣き」

＝

「働くそのことが美に自らを顕現する」

←

C には「働くそのこと」、または、その同類語が入るはずである。従って、「仕事」（**ロ**）が正解となる。

←

イ・ハ・ニ・ヘ（×）「働くそのこと」のニュアンスと大きくズレる。

ホ（×）「働くそのこと」とあるので、人間を中心に考えるべきである。「筆」では間接的になってしまう。

問七《空欄補充問題》（やや難）

「D」の無限な継承」の同類表現である「一々が活きた繰返し」（50行目）、「『今描く』という働きの連続」（51行目）に着目して、**「新鮮な現在」（八）**を選ぶ。

問八《空欄補充問題》（難）

直後の「それゆえ労働と美との関係は本来は不二なのである」に注目する。「不二」とは「二つでなく、同一」という意味なので、空欄には同旨の文が入るはずである。従って、**ニ**が正解となる。

イ（×）直後の文の「本来は不二」に反する。

↑

ロ・ハ（×）直後の文に反する。

問九《趣旨合致問題》（やや難）

イ（×）第四段落（18行目以下）に反する。

特に「いかなる労働にも感謝を持つに至る時、苦痛は解消する」（18行目）に注目すると、明らかに誤り。

ロ（○）第四段落の趣旨に合致する。

ハ（×）「客観的な立場からの判断」以下は本文にそのような記述がなく、誤り。

ニ（×）第十一段落（55行目以下）に反する。「強制を伴わない自発的な修行」という記述は、本文にはなく、誤り。

ホ（×）第十二段落に反する。「美的であることをめざせばめざすほど」以下が誤り。本文では、「美を狙う働きの如きは、未だ二義に堕したもの」（62行目）と言っている。

問十《文学史問題》（標準）

武者小路実篤、志賀直哉をヒントにして、**「白樺」**と判断できる。

「白樺」の同人は「白樺派」と呼ばれ、**反自然主義**の立場に立ち、**理想主義的・人道主義的**な芸術運動を展開した。

解答

（合計点50点・合格点32点）**（やや難）**

問一　とかく（3点）**（やや難）**

問二（小計4点・各2点）**（標準）**

2　ひつじょう

3　概

問三　③　（5点）**（やや難）**
問四　働くそのことが美に自らを顕現する（16字）（7点）**（難）**
問五　ハ　（5点）**（標準）**
問六　ロ　（5点）**（難）**
問七　ハ　（4点）**（やや難）**
問八　ニ　（5点）**（難）**
問九　ロ　（9点）**（やや難）**

問十　白樺　（3点）**（標準）**

著者紹介

柳宗悦（一八八九―一九六一）
美術評論家・民芸研究家・宗教哲学者。東京都出身。学習院を経て、東大心理学科卒業。民芸運動を提唱。東京駒場に日本民芸館を設立。

3　村上陽一郎「安全学」

次の文章を読んで、後の問に答えよ。

Ⅰ　人間が人間として存在するためには、その人間が生きる共同体に備わっている秩序・規範を身につけなければならない。それは、絶対的に確かなことである。野生児であろうと、その点では変わりがない。一般の生物は、そうした規範の大半は(1)セイトクテキである。それらは本能的行動と普通は呼ばれてしまう。人間の場合には、その行動は、本能的によりは、はるかに多く、［(2)］に獲得し習得した規範に従っている。行動ばかりではない。ある行動を勧め、ある行動を抑制するべき、価値規範そのものもまた、共同体の備えているそれを、［(2)］に学習することを通じて、個人のものとなる。その習得がほぼ完了したと認められたとき、その個人は共同体の正式の一員として認知される。地球上ほとんどすべての地域共同体に「イニシエーション」またはそれに類する制度があると伝えられるが、それはごく自然なことと思われる。

Ⅱ　しかし、個人は、そうして自分の生きる共同体の一員として同化するが、それと同時に、そこから逸脱しようとするエネルギーを内に抱えた存在であることもまた、確かな事実である。この逸脱の程度は、共同体によっても、個人によっても、また時代によっても、時期によっても、まちまちではあるが、それは人間にとって免れ難い。一般に社会は、こうして、全体に同化しようとするヴェクトルと、それに抵抗しようとするヴェクトルとを、常に内包していることになる。そして、そのことは、上にも確認したように、社会の成員たる個人にとっても、同様に成り立つ。つまり個人もまた、その内部に、自分の生きる共同体への同化のヴェクトルと、そこから離れ、抵抗しようとするヴェクトルの双方を、内包する存在ということになる。

Ⅲ ある共同体のなかで、非同化のヴェクトルの強い個人は、社会的に見れば、いわゆる「周縁」を構成し、ときに「アウトサイダー」になる。この(3)リハンは、個人の側から自発的にも、また共同体の側から排除的にも、エネルギーのバランスの破れ目に起こるものである。「疎外」（アリエナシオン）とはこのことに付けられた名称であり、ある個人が、完全に「アウトサイダー」になったときには、共同体から見て、「アリエネ」（自分たちとは繋《つな》がらないもの）として扱われる。

Ⅳ 当該の共同体を堅固な形で「維持」する、という目的を立てた場合には、こうした成員のなかに内蔵されている「逸脱のエネルギー」は、差し当たり、不都合であり、極端に言えば圧殺したいものと受け取られる。［(4)］軍隊という共同体では、構成員である個人の「逸脱のエネルギー」の(5)ハツゲンを阻止するために、さまざまな手段が講じられる。制服もその一つ、一糸乱れぬ団体行動を訓練によって強制するのもその一つ、命令に絶対服従もその一つである。あるいは、異なった地域共同体の出身者たちの意識を、一律に［(6)］するために造られた、特殊な人工言語である軍隊用語、もっとはっきり言えば「軍隊言語」を、軍隊内で強制するのも、その一つと言えよう。同じ言語を使うことが、それ自体「［(7)］」を高め、「アウトサイダー」を排除するように働くのは、軍隊ばかりではない。医者、職人、あるいは学者、どこの世界でも、事態は変わらない。

Ⅴ　いずれにしても、こうしたことは、軍隊という共同体の「安全」の確保に繋がる。あるいは共同体が、現状を「維持」していくことと「安全」という概念を結び付けるならば、そうした手段を講じているのは、繰り返すが、軍隊ばかりではない。ほとんどすべての共同体が、多かれ少なかれ、こうした手段を講じて、共同体（あるいはそれを支える秩序）の「維持」を目指している。

Ⅵ　［⑻］、共同体が自らの「維持」を目指すとしても、常に、その構成員の「逸脱のエネルギー」を圧殺し、「逸脱のエネルギー」の強い個人を排除するという強硬な手段を、執り続けるわけではない。

Ⅶ　しばしば語られる例を挙げてみよう。自然民族、あるいはそれに近い、つまり「近代化」の影響をあまり濃厚に受けていないような共同体では、シャーマンが社会の中で重要な働きをしている。シャーマンの役割は、言うまでもなく、呪術《じゅじゅつ》的な社会に特徴的と言われるもので、超自然的な霊との交流のなかで、予言、占い、あるいは病気の治療、加持などを行うことにある。そうした役割を果たす場合に、シャーマンである人間は、通常の意識の状態とは違った、トランスの状態になれることが大切な特徴で、交流する霊が直接シャーマンに憑依《ひょうい》するにせよ、あるいはそうした超自然的な存在の間接的な翻訳者になるにせよ、シャーマンが異常な意識状態にあること、あるいはなり得ることが、客観的にその役割の可能性を社会的に⑼ホショウすることになるのである。

Ⅷ　言い換えれば、通常の人間には達し得ないような異様な精神状態を、自らに実現できる能力を供えた人間が、シャーマンということになる。そうしたトランスの状態を、どのように導くか、今では薬物が可能な手段として知られているが、一方では、トランスの状態にある人間の脳内にはある種の物質が存在していることも確かめられてはいるが、音楽、ある種の言葉の執拗《しつよう》な反復、踊りなどの身体的な動作などが、実際にトランスを導く（つまりある種の物質の脳内への分泌を促す）のであって、それは、(10)ジンジョウで日常的な秩序からのはみ出し、あるいは「逸脱」と呼んだものに相当する。

Ⅸ　(11)、容易にそうした異常な状態に陥ることができる人間というのは、日常的な秩序の立場からすれば、「アウトサイダー」として分類される人々である。今日の近代社会では「精神病者」あるいは「精神病質者」と見なされることの多い人々ということができる。しかし呪術社会では、そうした「アリエネ」に相当する人々に、「病気」のレッテルを貼《は》って、病院に閉じ込めたり、あるいは保護観察的な処置をしたりするのではなく、シャーマンという社会のなかでもある場合には極めて重要となる役割を割り振ることによって、そういう人々を共同体の秩序のなかに取り込むという手段を講じている、と考えることができる。

Ⅹ　このような事実は、ある共同体が、日常的に安定しているという意味での「安全」を考慮する場合でも、「アウトサイダー」や「逸脱分子」を排除したり、圧殺したりすることなく、共同体の内部に彼らの存在する場所を造ることによって、彼らのエネルギーを吸収するという方法をとることがある、ということを教えてくれる。

Ⅺ　しかも注意すべきは、シャーマンが活躍すべき機会というのは、共同体の成員の病気、あるいは不幸、あるいは敵の襲撃など共同体全体にとっての厄介事が眼前にあり、多少とも、共同体の日常的な安定が脅かされているときであるという点である。

（村上陽一郎『安全学』による）

問一 傍線⑴⑶⑸⑼⑽のカタカナを漢字に改めよ。（楷書で正確に書くこと）

⑴ セイトクテキ　⑶ リハン　⑸ ハッゲン　⑼ ホショウ　⑽ ジンジョウ

問二 空欄⑵⑹⑺に入れるのにもっとも適当な語句をA〜Eの中からそれぞれ選べ。

⑵ A 本来的　B 段階的　C 恒常的　D 後天的　E 義務的
⑹ A 平均化　B 合理化　C 抽象化　D 絶対化　E 本質化
⑺ A 充足感　B 一体感　C 危機感　D 優越感　E 責任感

問三 空欄⑷⑻⑾に入れるのにもっとも適当な語の組合せを左の中から一つ選べ。

A ⑷ したがって　⑻ また　⑾ つまり
B ⑷ つまり　⑻ しかし　⑾ 例えば
C ⑷ 例えば　⑻ ところが　⑾ しかし
D ⑷ 例えば　⑻ しかし　⑾ したがって
E ⑷ つまり　⑻ ところが　⑾ また

問四 本文は段落Ⅰから段落Ⅴ、段落Ⅵから段落Ⅺまでの二つのまとまりに分けることができる。それぞれの表題としてもっとも適当なものを左の中から一つずつ選べ。

ア 段落Ⅰから段落Ⅴ

A「疎外の構造」 B「規範と逸脱の構造」 C「行動抑制と秩序」
D「規範の習得」 E「共同体の危機管理」

イ 段落Ⅵから段落Ⅺ

A「シャーマンの重要性」 B「逸脱のエネルギーの利用」 C「アウトサイダーとは何か」
D「すばらしき自然民族」 E「逸脱のエネルギーの排除」

問五 本文における「シャーマン」の説明として適当なものを左の中から選べ。（答は一つとは限らない）

A 共同体が、その規範から逸脱した存在であるシャーマンを排除せずにイニシエーションの儀式において活躍させるのは、逸脱者を共同体に同化させる手法の一つである。

B シャーマンが共同体で活躍の場を与えられるのは、共同体の成員の病気や不幸、あるいは敵の襲撃などの厄介事以外にも多様な場面で重要な働きをしているからである。

C シャーマンのような逸脱者が共同体で重要な役割を果たすのは原始的な社会の内部に限られており、近代化を遂げた社会ではこのような逸脱者は排除されるだけである。

D シャーマンは、日常的な秩序から逸脱した者を共同体が排除せずに社会的役割を与え、その秩序の中に取り入れることで、かえって社会を安定させている一つの例である。

Ｅ　シャーマンは、通常の意識の状態とは違った、トランスの状態になれることが大切な特徴であり、日常的な秩序の立場からすれば、「アウトサイダー」として分類される。

問六　次の文ア〜オのうち、本文の筆者の考え方と合致しているものに対してはＡ、合致していないものに対してはＢの符号で答えよ。

ア　一般の生物の場合には集団を形成する秩序が本能的に形成されるのに対して、人間は多くの学習を通じて秩序を形成するが、規範が秩序を成り立たせている点に変わりはない。

イ　秩序の維持には共同体のメンバーが共通の規範を自分のものにしなければならないのであって、軍隊の訓練やシャーマンによる加持などはそのための手段である。

ウ　共同体は自らの秩序を維持しようとするのが本来の姿であり、共同体にとって異質な存在を排除しきれない事態が生じるのは、共同体にとっての危機である。

エ　「安全」を確保する手段を講じるのは種々の共同体に共通しており、特殊な人工言語を強制する軍隊と近代化の影響が薄い呪術社会はその点で変わりがない。

オ　共同体は、その秩序を維持するに当たって、逸脱のエネルギーが強いためにアウトサイダーとして扱われる個人をどのように排除するかに特に留意しなければならない。

（中央大（総合））

出典

村上陽一郎「安全学」〈第Ⅱ部　社会と安全7　社会の安全とは何か〉の一節。

語句説明

規範（1行目）……模範。モデル・基準。

イニシエーション（8行目）……通過儀礼。加入儀礼。

ヴェクトル（13行目）……ベクトル。方向と大きさとの両方を持つ量。

周縁（18行目）……もののまわり。周辺。

疎外《そがい》（20行目）……のけものにされること。

シャーマン（39行目）……神霊・死霊などと直接的に交わる能力をもち、治療・予言などをする人。

呪術《じゅじゅつ》（40行目）……神秘的力を使い、思い通りのことを発生させる術。

憑依《ひょうい》（43行目）……霊などが乗り移ること。

厄介《やっかい》（64行目）……面倒で手間のかかること。

要約

人間が人間として存在するためには、その共同体の秩序・規範を習得する必要がある。そして個人は共同体の一員として同化するが、同時に共同体から逸脱しようとするエネルギーも持っている。しかし共同体がその「維持」を目指すとしても、常に、その構成員の「逸脱のエネルギー」を圧殺し、排除するという手段を執り続けるわけではない。共同体の内部に、「逸脱のエネルギー」を持つ個人の存在する場所を造ることにより、彼らのエネルギーを吸収するという方法をとることがある。

本問の価値

村上陽一郎氏は、入試頻出著者であり、毎年トップ10に入っている。平均して、毎年約10校で出題されている。難関大レベル以上での最近の出題状況を見ると、以下のようになっている。

東大「生と死への眼差し」
大阪大「安全学」
新潟大「安全学」
横浜市大「文明のなかの科学」
早稲田大（商）「科学の現在を問う」
立教大（経済）「西欧近代科学」
中央大（経済）「文明のなかの科学」
関西大（商）「自然・人為・時間」

村上氏の近代批判、特に科学批判は先鋭的であり、明快である。それだけに、文脈を丁寧に追って、素直に読んでいけば、わかりやすいと言える。

村上氏は、**東日本大震災・福島原発事故**以後、ますます注目すべき著者である。つまり、「**科学と安全**」について、本質的で革新的な問題意識を持っている氏の著作は、これからの入試において出題率が高まっていくと予想される。

そこで、今回は、最近出版された『安全学』を出典とする問題を取り上げた。

解説

問二《空欄補充問題》（標準）

(2)「本能的によりは、はるかに多く、⑵に獲得し習得した規範」（4行目）、「価値規範そのものもまた、共同体の備えているそれを、⑵に学習する」（5行目）、に注目して「**後天的**」（**D**）を選ぶ。

(6)「異なった地域共同体の出身者たちの意識を、一律に⑹するために造られた」（27行目）に着目して「**平均化**」（**A**）を選ぶ。

(7)「同じ言語を使うことが、それ自体『7』を高め、『アウトサイダー』を排除するように働く」（29行目）に注目して、「**一体感**」（**B**）を選ぶ。

問三《接続語・空欄補充問題》（標準）

(4) ⑷以下は具体例になっているので、**C**・**D**の「例えば」を選ぶ。ここでC・Dに絞る。

(8) ⑻以下は前段落（V）に反する内容になっているので、**C**・**D**は、いずれも正しい。

(11) ⑾以下は前段までの内容のまとめになっているので、**D**の「したがって」を選ぶ。

問四《表題選択問題》（やや難）

ア（やや難）

Iで人間と「規範」の関係について記述し、IIでは、「個人は『規範』を身につけ、共同体の一員として同化するが、それと同時に、そこから逸脱しようとするエネルギーを内に抱えた存在であること」を記述している。

←

Ⅲ～Ⅳでは、共同体の「維持」を目的として、「逸脱のエネルギー」に対処する手段を論じている。

↓

従って、**「規範と逸脱の構造」（B）**が正解となる。

↓

A（×）Ⅲを重視し、Ⅰ・Ⅱを軽視しすぎている。

C（×）Ⅰ・Ⅱの関係を軽視しすぎている。

D（×）Ⅰのみに注目しすぎている。

E（×）Ⅰ・Ⅱを軽視しすぎている。

イ（標準）

Ⅵ～Ⅺにおいて、著者の最も主張したい点は、Ⅹで述べられていることに注目する。従って**「逸脱のエネルギーの利用」（B）**が正解となる。

↓

A（×）「シャーマン」は具体例にすぎない。

C・D・E（×）論点ズレになっている。

問五《語句説明・選択問題》（やや難）

A（×）「イニシエーションの儀式において活躍させる」の部分は、本文に記述がない。

B（×）「多様な場面で重要な働きをしている」の部分は曖昧な表現になっている。このような記述は本文にはない。

C（×）「原始的な社会の内部に限られており」の部分が、38行以下の「『近代化』の影響をあまり濃厚に受けていないような共同体」に反する。

D（○）Ⅸ～Ⅺの内容に合致している。

E（○）前半がⅦと、後半がⅨと合致している。

問六《趣旨合致問題》（やや難）

ア（A）Ⅰの前半と合致している。

イ（B）「シャーマンによる加持」を前半部分の「手段」としている点が誤り。

ウ（B）「共同体にとって……危機である。」の部分は、本文に記述がない。

エ（A）Ⅴ・Ⅹの内容に合致する。

オ（B）「アウトサイダー……留意しなければならない。」の部分は本文に記述がない。

解答

（合計点50点・合格点34点）**（やや難）**

問一（小計10点・各2点）**（標準）**
(1)生得的
(3)離反
(5)発現
(9)保証
(10)尋常

問二（小計6点・各2点）**（標準）**
(2) D
(6) A
(7) B

問三 D（3点）（標準）

問四（小計8点・各4点）（**ア**は**やや難**、**イ**は**標準**）
ア B
イ B

問五 D・E（小計8点・各4点）**（やや難）**

問六（小計15点・各3点）**（やや難）**
ア A
イ B
ウ B
エ A
オ B

著者紹介

村上陽一郎（一九三六―）

　評論家。東京都生まれ。東大教養学部卒業。専門は科学史・科学哲学。「これからの科学はどうあるべきか」、「人類にとっての科学の意味」を哲学的に論じている。主な著書に「近代科学を超えて」（講談社学術文庫）、「近代科学と聖俗革命」（新曜社）、「生と死への眼差し」（青土社）、「文明のなかの科学」（青土社）、「安全学」（青土社）など多数。

4 山崎　正和　「歴史の多元化と家族」

次の文を読んで、後の問いに答えよ。

この春、アメリカ東海岸を講演旅行で巡ったついでに、ニューヨークで何本かの芝居を見てきた。芝居見物は私の本業の一部でもあるが、別の楽しみは、それがこの国の微妙な時代の風を感じさせてくれることである。社会の亀裂と和解、失意と希望の回復など、この30年、劇場は現実の変化をいつも鋭く先取りして私に予感させてくれた。

それができるのは、演劇が物語の芸術でありながら、小説よりは多く、映画よりは少ない鑑賞者によって成立するからだろう。小説は数千部でも本になるが、少し大きな芝居は万単位の観客を必要とし、映画になると数百万の入場者がなければ成り立たない。数千人の趣味は例外かもしれないし、数百万人の好みを満たすには深刻な問題は扱えない。つまり、演劇は社会の気分を広く反映できる程度に多く、鋭く反映できる程度に少ない、ほどよい数の観客を集めるのである。

１９６０年代以降、社会の対立と多様化が深まるにつれて、ニューヨークの劇場は問題をはらんだ［a］を選ぶのに苦しんできた。長らく娯楽的なミュージカルが大勢を占め、それも音楽とダンスに重点を置いた、物語の貧弱な作品が成功する時代が続いた。数万程度の観客に訴え、共感させる物語の創造が不可能に見えたのである。だがこの10年近く、正統的な対話劇がめざましい復活をとげ、ブロードウェイの舞台でも話題を攫《さら》うようになった。今回も新聞の案内欄を見ると、オニールのような近代古典とともに、かなり重い b を持つ創作戯曲が商業劇場を賑《にぎ》わせている。

これはやはりアメリカ社会が自信を回復し、多様性はあっても、対立に直結しない時代が蘇《よみが》えったということかもしれない。あらためてそう思ったのは、『ラグタイム』という新作ミュージカルが、深刻な人種問題を扱って大観客の喝采《かっさい》を浴びていたからである。北極探検をめざす白人と彼の一家、黒人音楽家とその妻子、貧しい移民と幼女という三組の家族が、フォードやモーガン財閥の１９１０年代を背景に描かれる。妻を殺された黒人は復讐《ふくしゅう》の鬼となり、次々に白人を殺して自分も射殺される。残された子供は探検家の妻が育て、やがて活動写真の監督となった移民の親子とも、この一家が奇遇を交わすという物語である。

男の冒険心、健全な家庭、野心と成功という c の神話に、差別への反抗という主題を加えたこの物語は、現代アメリカの I をねらったといえる。ともかくもそれが成功して、主役の黒人が大拍手を受けているのを見ると、この国の涙ぐましい物語づくりの意欲を実感せざるをえない。

建国以来つねに英雄神話を作って統一を図ってきた社会は、ベトナム戦争と人種紛争の、あの分裂を超えて今もなおその努力を続けている。「アメリカ的叙事詩」の時代は終わったのではないか、というのが高名な社会学者ネイサン・グレイザー氏の最近の問題提起だが、国民は社会を統合する物語の力を忘れていないようである。

そういえばもっと地味なかたちで、昨今のこの国の劇場は一つの共通の主題に関心を向けているように見える。じつは『ラグタイム』もそうだといえるのだが、多くの会話劇が好んで描くのが家族の姿なのである。私が見たもう一本はオニールの『ああ、荒野』であるが、これは反抗する青年の父親との葛《かっ》藤《とう》のドラマである。昨年度のトニー賞受賞作『ザ・ラストナイト・オブ・バリフー』も見たが、こちらは同居する二組の母と娘の喜劇であった。さらに今年の受賞作『ビューティー・クイーン・オブ・リーネイン』は、婚期を過ぎた娘が老母を殺す悲劇であり、好評の『サイド・マン』は、ジャズマンの父と酒乱の母を庇護《ひご》する少年の物語というぐあいである。

もちろん、ほかにも多様な主題があるわけだが、これだけの作品がそろって観客の話題を集め、批評家の賛辞をも受けたというのはやはり何ごとかであろう。しかも注意して見ると、ここで重点が置かれているのはいずれも親と子の絆《きずな》であり、夫婦や兄弟の関係ではないことに気づく。家族の劇といってもその家族は横に繋《つな》がる連帯ではなく、［d］の縦軸で結ばれた縁なのである。古典の『ああ、荒野』は別として、これらの新作に描かれた夫婦関係はいずれもむしろ壊れているか、危機に瀕《ひん》している。そのなかで父と息子、母と娘がぎりぎりの思いで顔を見合わせ、切実な愛と憎しみの契りを確かめあうのである。

表面的に見れば、これは現代アメリカの家族の崩壊、夫婦関係の脆《もろ》さの［Ⅱ］だと考えられる。離婚率が高まり、結婚しない男女が増える一方で、子供を持ちたい親の欲求は逆に強まっているように見える。離婚する夫婦が子供の養育権をめぐって闘い、子供との面会日の多少を争っている姿は印象的でさえある。未婚の母も多いし、外国の孤児を含めて養子を育てたがる親も少なくない。独身のフェミニストやレズビアンが人工授精で子供を産み、ゲイの夫婦が養子を持つ話が新聞を賑わせることも、最近ではめだつ。

しかしそのこと自体がなぜかと考えると、この国での親子関係への関心の強まりは、もう少し根深い意味をおびているかもしれない。それは、ただ夫婦関係に敗れ、淋《さび》しい親が子供を求めるというだけのことではないように思われる。けだし親子関係とは歴史の最小単位であり、物語を語り継ぎ、[e]を創造する人間関係の原点だからである。とくにアメリカの歴史は短く、それゆえに国史はしばしば家族史と重ねて意識される。建国の神話は家族の祖父か曽祖父《そうそふ》の経験であり、ワイルダーの『長いクリスマスディナー』が描くように、それは家庭の食卓で語り継がれた。逆に移民にとっては、自己実現とはつねに子供の成功のことにほかならなかったのである。

国の始祖がピルグリム・ファーザーズと呼ばれることと、黒人奴隷の子孫が自分のルーツを探すこととは無縁ではない。そしてかつてこの国が一元的なアングロサクソン、プロテスタントの社会であったときは、一つの建国神話は万人の家族史であることができた。だが人種やエスニック文化が多元化し、女性や被差別集団の声が高まった今、「アメリカ的叙事詩」が万人を同一化するのは、グレイザー氏が言うように不可能になった。じつはそのことの裏返しとして、人びとは[A]に帰り、多元的に個別的に、家族の縦の連続を意識し始めているのではないか。

ひょっとすると今や甲「アメリカ的叙事詩」の地位は逆転して、そうした多様な家族史の複合としてのみ存在しうる、というのがあの『ラグタイム』のメッセージだったかもしれない。ひるがえって日本でもまた、一方では子供を[B]する親が増え、他方では歴史認識の多元化を促す社会の多様化が迫っている。だが幸か不幸か、ここではまだグレイザー氏の深刻な問題提起もなく、男女の愛のドラマをしのぐような、親子の継承と葛藤を描きぬいた傑作劇も書かれていないようである。

問一　文中の［a］〜［e］に入るもっとも適当な語を、次の中から選べ。（同じ語を二度用いてはならない）

イ　演劇　ロ　物語　ハ　神話　ニ　伝統　ホ　時間　ヘ　創造　ト　主題

問二　文中の［Ⅰ］・［Ⅱ］に入るもっとも適当な語句を、それぞれ次の中から選べ。

Ⅰ　イ　期待される英雄像の創出　ロ　国民感情の最大公約数　ハ　民衆の希望と現実
　　ニ　時代感覚の変化の先取り　ホ　演劇革新への意欲の実現

Ⅱ　イ　逆説的な現れ　ロ　事実の先取り　ハ　特殊な様相
　　ニ　知られざる側面　ホ　醜悪な現実化

問三　文中の［A］に入るもっとも適当な十字以内の語句を、本文中より抜き出して記せ。

問四　傍線部甲「「アメリカ的叙事詩」の地位」が逆転した時に生じたと思われるテーマの一つは何か。文中よりもっとも適当な五字の語句を抜き出して記せ。

問五 文中の［B］には、ある動物に対する行為にたとえた平仮名で七字の慣用表現が入る。それを平仮名で記せ。

問六 筆者の主張とあうものが、次のイ～ホの中に一つだけある。それを選べ。

イ 演劇は時代の風を感じとらせるが、昨今のアメリカ演劇で家族の問題がとりあげられることが多いのは、家族の崩壊という現実問題を解決する上で有効だからである。

ロ アメリカの現代演劇は、かつての英雄神話を作って社会の統一を図る段階を脱却し、現代の切実な問題を家族の視点からとりあげることで新たな神話を作ろうとしている。

ハ 昨今のアメリカ演劇が親子の関係をとりあげることが多くなっている風潮には、アメリカの歴史の浅さを脱しようとする社会の気分を先取りしようとする意図が感じられる。

ニ 日本の演劇に親子の継承と葛藤を描きぬいた傑作劇が書かれていないのは、家庭の崩壊がアメリカの場合ほど進行していないからであり、むしろ幸いなことと考えるべきである。

ホ 現代のアメリカ演劇は、現実社会の種々の変化を受けとめ、多元的かつ個別的に家族を問題とすることによって、時代の気分を先取りした興味深い作品を生み出している。

（早稲田大〈文〉）

出典

山崎正和「歴史の多元化と家族――米で関心を呼ぶ親子のドラマ」（『毎日新聞』一九九八年六月一四日朝刊〈時代の風〉）

語句説明

攫《さら》う（14行目）……すっかり持っていく。
賑《にぎ》わせている（15行目）……繁盛《はんじょう》する。読みで頻出。
喝采《かっさい》（18行目）……ほめること。
叙事詩《じょじし》（27行目）……歴史的事件、英雄などのことを、そのまま書いた詩。入試で頻出。
葛藤《かっとう》（32行目）……争い。もめごと。迷い。
庇護《ひご》（36行目）……かばって守ること。保護。
エスニック（59行目）……民族的であること。

要約

昨今のアメリカの演劇は、家族の姿、親と子の絆という主題に関心を向けているように見える。人種や文化が多元化した今、「アメリカ的叙事詩」が万人を同一化することが不可能になった。そのことの裏返しとして、家族の縦の連続を意識し始めているのではないか。

本問の価値

現代文明は、近代から**「近代原理」**を引き継いでいるのだから、**「現代文明批判」**は**「近代批判」**と重なる部分がある。

本書で**「現代文明批判」**という分類をしたのは、「現代文明において顕著になった事象について論じた文章をひとまとめにした」という意味である。

山崎正和氏は、長い間、入試頻出著者であり、毎年トップレベルの出題数になっている。特に、難関大における出題率が高い。最近の出題状況は以下の通りである。

大阪大「混沌からの表現」
筑波大「近代の擁護」
神戸大「社交する人間」
大阪市大「社交する人間」
早稲田大（政経）「大分裂の時代」
早稲田大（商）「日本文化と個人主義」
明治大（政経）「混沌からの表現」
明治大（商）「社交する人間」
同志社大（全）「装飾とデザイン」

本問は、一見すると演劇論だが、**血統・家族、絆の問題**を論じている。特に、**「絆」**のテーマは、東日本大震災以降、大いに再認識されているので、この問題は改めて注目すべきであるとして、本書で解説することにしたのである。

解説

問一《空欄補充問題》（やや難）

この種の問題に対応するには、**本文の精読・熟読**がカギになる。

a「問題をはらんだ［a］を選ぶのに苦しんできた」、←「物語の貧弱な作品が成功する時代が続いた」（12行目）、「共感させる物語の創造が不可能に見えた」（12行目）、の、三つの部分を対比して、**「物語」（ロ）**を選ぶ。

b 本問は**「やや難」**のレベルである。**「主題」（ト）**を選ぶべき根拠としては、以下の二点が重要である。

①「かなり重い［b］を持つ創作戯曲」に注目し、［b］の直前・直後と最も接続しやすい表現を選択すると「主題」がベストになる。

②［b］を含む一文の具体例が直後の四つの段落であり、それらの具体例を受けて、第八段落第一文で、「もちろん、ほかにも多様な主題があるわけだ」（37行目）とまとめていることを読み取る。

c「男の冒険心、健全な家庭、野心と成功という［c］の神話」、「建国以来つねに英雄神話を作って統一を図ってきた社会」（26行目）、「『アメリカ的叙事詩』の時代は終わったのではないか」（27行目）、「一つの建国神話は万人の家族史である」（59行目）、を対比して、**「伝統」（ニ）**を選ぶ。

d「［d］の縦軸で結ばれた縁」と「親と子の絆」（39行目）との類似表現に注目して、**「時間」（ホ）**を選ぶ。

e「［e］を創造する」と、直前の「物語を語り継ぎ」が対になることに着目して、**「神話」（ハ）**を選ぶ。

問二《空欄補充問題》（やや難）

Ⅰ「神話に、差別への反抗という主題を加えたこの物語は、現代アメリカの[Ⅰ]をねらったといえる。ともかくもそれが成功して、主役の黒人が大拍手を受けている」の文脈を押さえたうえで、

←

「社会を統合する物語の力」（28行目）、「これだけの作品がそろって観客の話題を集め、批評家の賛辞をも受けた」（37行目）、に注目して、「**国民感情の最大公約数**」（**ロ**）を選ぶ。

Ⅱ [Ⅱ]の直前の「これ」が、さらに直前の「夫婦関係は……壊れているか、危機に瀕している。そのなかで父と息子、母と娘が……切実な愛と憎しみの契りを確かめあう」ことを指している点を押さえたうえで、

←

「表面的に見れば、これは……、夫婦関係の脆さの[Ⅱ]だと考えられる」の文脈に着目して、「**逆説的な現れ**」（**イ**）を選ぶ。

問三《抜き出し問題》（難）

本問は、著者の主張の核心が、表現を多少変えながら、三ヶ所で展開されていることを読み取る必要がある。その点で、受験生にとっては、難問であると言えよう。

←

「この国での親子関係への関心の強まりは、もう少し根深い意味をおびている」「けだし親子関係とは歴史の最小単位であり、……人間関係の原点だからである」（50行目以下）、

「『アメリカ的叙事詩』が万人を同一化するのは、……不可能になった。じつはそのことの裏返しとして、人びとは[A]に帰り」（60行目以下）、

「今や『アメリカ的叙事詩』の地位は逆転して、そうした多様な家族史の複合としてのみ存在しうる」（63行目以下）、

の三ヶ所を対比して、「**歴史の最小単位**」を抜き出す。

←

「人間関係の原点」（53行目）は、「多様な家族史」（63行目）に対応しないので、誤りである。

問四《抜き出し問題》（やや難）

本問は問三に関連している。

傍線部直後の「逆転して、そうした多様な家族史の複合としてのみ存在しうる」を押さえたうえで、

←

「今、『アメリカ的叙事詩』が万人を同一化するのは、不可能になった。じつはそのことの裏返しとして、人びとは……家族の縦の連続を意識し始めている」（60行目以下）に着目し、

←

設問文の「五字の語句」をヒントにして、「**親と子の絆**」（39行目）を抜き出す。

問五《慣用表現・記述問題》（標準）

直前の「日本でもまた」

←

「多様な家族史の複合としてのみ存在しうる」（63行目）

←

「人びとは……家族の縦の関係を意識し始めている」（61行目）という論理の流れを把握したうえで、

←

「子供を B する親が増え」に適合する、「平仮名で七字の慣用表現」を考える。「ある動物に対する行為」をヒントにすると「ねこかわいがり」しかない。「**ねこかわいがり**」とは、「なでるようにして、ひたすらかわいがる」という意味である。

問六《趣旨合致問題》（やや難）

イ（×）「家族の崩壊と……である。」の部分は、本文にこのような記述がなく、誤り。

ロ（×）「現代の切実な問題……としている。」の部分は、本文にこのような記述がなく、誤り。

「家族問題」そのものが、「現代の切実な問題」であり、「新たな神話」についての記述はない。

ハ（×）「アメリカの歴史の浅さ……感じられる」の部分は、本文にこのような記述がなく、誤り。

ニ（×）この選択肢の正誤の判定は微妙であり、「やや難」のレベルである。ただ、最終段落の文脈に注目すると、特に「幸か不幸か」（66行目）に着目すると、「むしろ幸いなことと考えるべき」の部分は、「言いすぎ」と評価した方がよいであろう。従って、誤りとなる。

ホ（○）第一段落と最後の二つの段落の内容に合致しており、これが正解となる。

解答（合計点50点・合格点33点）**（やや難）**

問一（小計10点・各2点）（b・cは**やや難**、他は**標準**）

a ロ

b ト

c ニ

d ホ

e ハ

問二（小計10点・各5点）（Ⅰ・Ⅱとも、**やや難**）

Ⅰ ロ

Ⅱ イ

問三 歴史の最小単位（7字）（8点）**（難）**

問四 親と子の絆（8点）**（やや難）**

問五 ねこかわいがり（4点）**（標準）**

問六 ホ（10点）**（やや難）**

著者紹介

山崎正和（一九三四―）

劇作家・評論家。京都生まれ。京都大学文学部哲学科卒業。評論は、文明批評・文芸批評・芸術論・演劇論と多彩である。主な戯曲作品に「世阿彌」「野望と夏草」「オイディプス昇天」など。また、「劇的なる日本人」「鷗外闘う家長」「演技する精神」「社交する人間」などのほか、「山崎正和著作集」（全12巻）がある。

次の文章を読んで、後の問に答えよ。

人が生きていくには、時の区切りというものが必要であるらしい。それがなければ生きられぬ、といった類のものではないのだが、あってもなくてもよい、と考えて過ごせるほど軽いものではないようだ。

[A]その区切りは向こうからやってくる。人の一生についてみれば、幼少期や青春があり、それに続く更年期や老境がある。気の持ちようで生涯青春だと信じられたり、若くして［X］成を装う人もいるかもしれないが、長くても［ア］百年前後の個人の生を見渡せば、おおよその区切りが生命活動の消長を分けている事実は否定し難い。

いやでもそれを知らせてくれるのが、義務教育の開始される学童年齢であったり、キャンパス生活の終わりを告げる就職試験の到来、勤め人にとっての定年や老齢年金の支給であったりする。制度によって押しつけられるそれらの節目は、本来は切れ目もなく生きようとする人間に、外からの明確な区切りを刻印する。

制度とはいえないけれど、還暦、古稀、喜寿、米寿等々の長寿の祝いもまた年齢の節目の表現であるだろう。

更に、[B]而立、不惑、耳順などとなれば、これは三十、四十、六十歳にふさわしいそれぞれの生き方を示す次第となる。日本人の寿命の伸びに従って年齢の[1]リンカクが大きく変化したために、今や各年齢に対応するこの種の規範はそのままでは適用なるまいが（「初老」が四十歳の異称であると辞書で知って驚いたのはもう一昔以上も前の話となった）、年齢の一定の節目で足を止め、我が身を振り返ろうとする考え方が無効となったわけではない。制度や習わしによる区分が外側からの強制であるとしたら、他方には[C]それを迎える側にとって心構えを切り替えるきっかけが用意されているのだ、ともいえよう。区切りは年齢のみに限らない。春夏秋冬に季節を分けるのもその一つである。暦の上に節分があり、立春や立冬があることからもそれがうかがわれる。

ただし、こちらも地球環境の変化による異常気象の影響か、暦の上の区分と季節感とが必ずしも重なり合わぬ場合が少なくない。様々なズレはあったとしても、桜前線とか木枯し一号などと聞けば、やはり季節の変り目の声を聞く感は深い。

季節にとどまらず、一日の中にも区切りがある。午前、午後といった時計の上の[2]ゲンミツな数字で捉えられた分け方もあれば、昼と夜のごとく明るさを手がかりとしたより感覚的な分け方もある。深夜の十二時を過ぎれば日付が変わるのは当然だが、日中から続けて起きている人間にとって、それが素直には受け入れ難いのも事実である。午前零時のニュースを読むテレビやラジオのアナウンサーが、昨日と今日を間違えて言い直すケースによく出会う。同じ内容のニュースでも、一時間前に読んだものと日付だけは異なるのだから無理はない。

五十代の終わる頃までは、こちらは夜型の生活を送り、仕事は［　イ　］深夜に集中して明け方に寝る毎日だった。床につこうとして、ふと目を覚ました家人と言葉を交わす折りに、こちらが今日のことを語っているのに、ひと眠りした先方がそれを昨日のこととして話す［Y］い違いにぶつかってよく戸惑った。どこかで日を分けねばならぬのだから、十二時前に寝た人間と昼から起き続けている者との、日付の認識に隔たりが生ずるのは避けられない。テレビやラジオの番組に、二十五時、二十六時といった表現が時折登場するようになったのは、夜型の生活者がふえて日の移り目が後に押しやられた結果であるのだろう。

そんなふうに考えてくると、本来は切れ目のない時間を区切って始まりと終わりをしっかり定めようとする生き方は、正当にして文句のつけようもないものでありながら、区切り目そのものはかなり曖昧なところを残すような気がしてならない。

ただ一つ、ここにだけは截然とした区切りがあると、信じてきた境目がある。生を閉じる死の到来である。時間を区切るのは人が生きていく上での必要である以上、生の終わりは区切り自体の終焉を意味する。区切りの消滅ほど明確な区切りは他にあるまい、と考えてきた。ところが最近になって、［ウ］それも怪しくなりつつある気配を感じる。

脳死とか、人体や精子・卵子の[3]レイトウ保存、更にはクローン人間の可能性などという話題を前にすると、充分な科学的知識がないままにも、生と死の境界までがあやふやな事態になりかねない不安に[4]オソわれる。もちろん個体の死と種の[5]ケイショウは分けて扱わねばならぬ事柄であろうけれど、そのあたりが前よりわかりにくくなっているのは事実である。青春の終わりがいつであり、昨日と今日の境目がどこにあるか、と悩むどころの話ではない。

いやこの事態は、［エ］連続する流れを勝手に断ち切って前とは別の領域を設けようとするいわば D便宜的発想の弱みにつけこんだ、時間の復讐であるのかもしれない。

［オ］ひと思いに視野を拡大し宇宙の果てまでを眺めわたしたら、人類の存続そのものにも青春や老境の区切りは刻まれているのに、我々にはそれが見えていないだけなのだろうか。としたら、その巨大な区切りの片隅で、ささやかな各自の区切りを抱えて懸命に生きていくより他に道はなさそうに思われる。

（黒井千次『流れと切れ目』による）

問一　傍線部1～5の片かなを漢字に直せ。

問二　空欄ア～オに入れるのにもっとも適切な語を、次の1～7の中からそれぞれ一つ選べ。ただし、一つの語は一箇所にしか入らない。

1　いっそ　2　じりじり　3　せいぜい　4　そもそも
5　どうやら　6　まじまじ　7　もっぱら

問三　空欄X・Yに入れるのにもっとも適切な漢字一字を、それぞれ書け。

問四　傍線部Aに「その区切りは向こうからやってくる」とあるが、「向こう」とは何をさしているか。本文の中からそれを端的に示す六字の語句を一つ抜き出せ。

問五　傍線部Bに「而立、不惑、耳順などとなれば、これは三十、四十、六十歳にふさわしいそれぞれの生き方の規範を示す次第となる」とあるが、Ⅰ「而立」、Ⅱ「耳順」はそれぞれどのような「生き方の規範」を示しているか。次の1〜8の中からもっとも適切な説明をそれぞれ一つ選べ。

1　志を立てるべき年齢だということ
2　家族を養う責任を果たせる年齢だということ
3　道理を理解して迷わない年齢になっていること
4　自分の使命が何であるのかわかる年齢だということ
5　自分のめざす学問の基礎ができあがる年齢だということ
6　自分とは違う意見を聞いても反発しない年齢だということ
7　老いてきて、後進にものごとをまかせる年齢だということ
8　自分の思うように行動しても反道徳的なことをしなくなる年齢だということ

問六　傍線部Cに「それを迎える側にとって心構えを切り替えるきっかけが用意されているのだ」とあるが、「心構えを切り替える」とはどういうことをさしているか。その説明としてもっとも適切なも

のを次の1～5の中から一つ選べ。

1 年齢の一定の節目で、自分の生命活動をより一層盛んにする決意をすること
2 年齢の一定の節目で、自分の生命活動の消長を自覚して自分のありかたを変えていくこと
3 年齢の一定の節目で、自分の生命活動とはかかわりなく若い世代に道を譲る覚悟をすること
4 年齢の一定の節目で、自分の生命活動の衰えを自覚して自分にあったライフスタイルを選択すること
5 年齢の一定の節目で、自分の生命活動そのものをみつめ直して、年齢の節目にとらわれないようにすること

問七 傍線部Dに「便宜的発想の弱み」とあるが、筆者は「弱み」が最近になって目だつようになったと考えている。その理由を、句読点を含めて六十字以内でわかりやすく説明せよ。

（学習院大（文））

出典

黒井千次「流れと切れ目」(『日本経済新聞』二〇〇二年九月十五日)

語句説明

消長《しょうちょう》(5行目)……盛んになることと、衰えること。盛衰。興亡。浮沈。入試で頻出。
家人《かじん》(31行目)……家族。
截然《せつぜん》(40行目)……物事の区別が明確な様子。**画然**。入試で頻出。
終焉《しゅうえん》(41行目)……命が終わること。入試で頻出。

要約

人間は制度や習わしによって時間を区切り、生の終わりが区切り自体の終焉を意味してきた。だが、最近は、科学の進歩により、生死の境界があやふやになってきている。しかし我々は、ささやかな各自の区切りを抱えて懸命に生きていくしか他に道はない。

本問の価値

黒井千次氏は、現代文明における「**自己疎外**」(→人間が様々な状況の中で、本来の自己の本質を見失って非人間的状態になってしまうこと。**自己喪失**。)を主なテーマとしている純文学作家である。

黒井氏は、最近、自らの体験に基づいた「**中高年**」についてのエッセイ、評論を、新聞等に数多く発表しており、それらが入試に頻出している。

黒井氏の著作の難関大における出題状況は以下の通りである。

岡山大「春の道標」
横浜市大「仮構と日常」
国学院大(法・文)「戯曲の窓　小説の扉」
国学院大「美しき繭」
津田塾大「働くということ」
東京女子大「昼の目と夜の耳」
日本女子大(家政)「覗き見の効用」

本問も「**中高年**」の立場から、現代文明を**皮肉的**に論じている文章である。

「中高年」を、若い受験生諸君は他人事のように考えがちである。しかし、自分もいつかは迎える人生の一時期の問題として、つまり、自分の問題として考えるべきであろう。

そうすれば、この種の文章も、将来の自分に関するものとして、素直に読んでいけると思う。

もともと、エッセイ、評論の著者は「中高年」者が多いのである。

高齢化の進むこれからは、**高齢者**の立場からの文章は出題率が高くなるであろう。

そのような作品に対して、多少なりとも反発心を持って読んでいては、素直な理解は無理である。

読解の前提は、**「相手の論理の流れに乗る」**ことである。

そのために、何よりも大切なのは、「**素直さ**」なのである。

解説

問二《空欄補充問題》（標準）

ア

直前の「長くても」、直後の「百年前後」に注目して、「多く見積もって」の意味の「**せいぜい**」（**3**）を選ぶ。

イ

直前の「夜型の生活」「仕事は」、直後の「深夜に集中して」に着目して、「**もっぱら**」（**7**）を選ぶ。なお、「もっぱら」は「**専ら**」と書くことに注意。

ウ

ウを含む段落と、直後の段落が同内容であることを把握する。特に、「区切りの消滅……気配を感じる」（42～43行目）と、「脳死とか……オソわれる」（44～46行目）を対比するとよい。そのうえで、ウの直後の「怪しくなりつつある」との関係に注目して、「**どうやら**」（**5**）を選ぶ。

エ

直後の「時間の復讐」に着目する。そのうえで、「時間」とは「本来」「連続する流れ」（37行目参照）であることを押さえれば、エには「**そもそも**」（**4**）が入る。

オ

直後の「ひと思いに視野を拡大し」に注目して、「思い切ってする」の意味の「**いっそ**」（**1**）を選ぶ。

問三《語句完成問題》（標準）

X

直前の「気の持ちようで生涯青春だと信じ」ることと、「若くして[X]成を装う人」を対比して考える。

→

「[老]成」とは「年齢の割には大人びている」という意味。入試で頻出である。

Y

直後の一文の「日付の認識に隔たりが生ずるのは避けられない」（34行目）、Yの直前の「こちらが今日のことを語っているのに、ひと眠りした先方がそれを昨日のこととして話す」に注目して、「[食]い違い」にする。

問四《抜き出し問題》（やや難）

傍線部の直後から「区切り」の具体例が始まっていることを読み取る。

→

そのうえで、傍線部の類似表現の一文（部分）をチェックしていく必要がある。

→

「制度によって押しつけられるそれらの節目は、……人間に、外からの明確な区切りを刻印する」（8行目以下）、「制度や習わしによる区分が外側からの強制」（17行目）、が類似表現になっている。

→

次に、「六字の語句」の条件に注目して、「**制度や習わし**」（17行目）をピックアップする。

問五《選択問題》（やや難）

I

「**而立**《じりつ》」は、三十歳の異称で、『論語』の「三十而《ニシテ》立《ツ》」から来ている。「孔子の学問・道徳が確立した年」である。従って、**5**が正解となる。

II

「**耳**《じ》**順**《じゅん》」は、六十歳の異称で、『論語』の「六十而《ニシテ》耳順《したがフ》」から来ている。「孔子が人の言を聞けば、すぐにその是非が理解できるようになった年」である。一方で、「他人の言葉を素直に受け入れられるようになる年」とする説もある。従って、**6**が正解となる。

問六《選択問題》（標準）

①「心構えを切り替えるきっかけ」とは、「外側からの強制」である「区分」のプラス的側面であることを読み取る必要がある。

↓

②傍線部cは、直前の一文の「年齢の一定の節目で足を止め、我が身を振り返ろうとする考え方」と同旨であることを読み取る。

↓

③「長くても」（5行目）以下で、「おおよその区切り」に一定の評価を与えていることも加味する。

↓

1（×）常に「より一層盛んにする」とは言っていない。

2（○）右の①～③に沿っており、これが正解となる。

3（×）「若い世代」以下は、本文に記述がない。

4（×）「生命活動の衰え」は、右の③の「生命活動の消長」（5行目）に反する。

5（×）「年齢の節目にとらわれないようにすること」は右の②に反する。

問七《理由説明・記述問題》（やや難）

傍線部を含む一文の丁寧なチェックが前提となる。

↓

直前の「この事態」は直前段落第一・二文をさす。

↓

傍線部の「便宜的発想」とは、直前の「連続する流れ……設けようとする」ことであり、「本来は切れ目のない時間を区切って始まりと終わりをしっかり定めようとする生き方」（37行目以下）と同内容である。

↓

以上を前提として、設問文の「『弱み』が最近になって目だつようになった」「理由」を考える。

↓

直前段落第一文に注目する。

↓

科学技術の進歩により、区切りの根本の「生死の境界」があやふやになってきた。そのことが理由となって、区切りの「弱み」が目立ってきたのである。

解説

（合計点50点・合格点34点）**（やや難）**

問一（小計10点・各2点）**（標準）**

1 輪郭
2 厳密
3 冷凍
4 襲
5 継承
問二（小計10点・各2点）**（標準）**
ア 3
イ 7
ウ 5
エ 4
オ 1
問三（小計4点・各2点）**（標準）**
X 老
Y 食
問四 制度や習わし　（5点）**（やや難）**

問五（小計6点・各3点）**（やや難）**
Ⅰ 5
Ⅱ 6
問六 2　（5点）**（標準）**
問七（10点・①と②は各5点）**（やや難）**
①脳死やクローン人間等の話題を前にして、
②充分な科学的知識がないままにも、生死の境界までが曖昧になってきたと感じるから。（①、②合計で、句読点とも58字）

著者紹介

黒井千次（一九三二―）

作家。東京生まれ。東大経済学部卒業。作品に「時間」「群棲《ぐんせい》」（谷崎潤一郎賞）、「カーテンコール」（読売文学賞）、「羽根と翼」など。近著に「横断歩道」。

6 梅原 猛 「思うままに」

次の文を読んで、後の問いに答えよ。

今年の夏は異常な暑さで、街を歩いていると枯れた街路樹がよく目に映る。人間も断水などで不便な思いをしたが、植物にとって大変な夏であったにちがいない。それは生きるか死ぬかの天災地変であったろう。

私は、多くの現代人のように自分が生きるのに夢中で、自分のまわりにある植物にほとんど注意を払ったことがない。日本人は花の咲く樹木については梅だ桜だとその木を愛でるが、花が咲かないあるいは花が美しくない樹木については関心がなく、庭に生えていてもその名さえ知らない有様である。私もまたそのように樹木についてほとんど何も知らないで今まで人生を送ってきたが、この頃、樹木が何か不思議な意思をもっているように思われて仕方がない。［イ］

［A］、樹木は杉や竹などを除いてはほとんどまっすぐに伸びない。曲がりくねって左右に枝を出している。その枝の出ている場所も千差万別であるが、樹木は植えられたとき既に、大きくなってこの場所にこのような枝を出すと決められているわけではあるまい。他の樹木との関係を考慮して、もっとも合理的と思われる場所にもっとも合理的と思われる枝を出すにちがいない。ちょうど一つの会社が己の発展を図るために、もっとも発展に都合がよいと思われる場所にもっとも発展が可能な形の支店を出すように、一つの木の枝もそのような緻《ち》密な計算の結果、出されるにちがいない。一つの木を見ている

と、その計算の精密さがよく感じ取れるのである。

樹木は一つの意思をもっている。それは太陽から光を吸収することである。1どれだけ多くの光をどれだけ吸収できるか。まさに一つの木はちょうど一つの会社が他の会社と生存をかけて[B]を削っているように、生存をかけて他の木と[B]を削っているのである。[ロ]

木の意思などというものがあるものかと言う人があろう。人によっては、意思などというものは理性的判断のできる人間のみがもつものであり、植物はおろか動物にも意思はないと言うかもしれない。[ハ]しかしせっせと自分のところに食べ物を運ぶ蟻にも、また子を生むために千里の海を生まれ故郷の川に帰ってくる鮭にもはっきりした意思が認められる。

生産したり戦争したりする人間にもはっきりした意思があるが、それが蟻や鮭の意思とどう違うのか。[ニ]そう考えれば植物にもはっきりした意思があり、しかもその意思にはどこへ枝を出すかという決断が必要とされる。その理性的な決断が植物の場合は脳によって起こるわけではないが、植物ぜんたいが強い生存への意思をもち、そのような場合に応じて理性的判断をするように作られているのではないかと思う。[ホ]もし決断を間違えて別のところに枝を出せば、それは樹木全体の生死にかかわる。[C]植物は絶えず生死に関わる決断をしなければならない緊張感に満ちた生活を送っているのではないかと私は思う。

樹木はこのような意思によって二酸化炭素を呼吸して酸素を放出し、われわれ動物が生存できる環境を与えてくれる。こうしてみれば、地球のもっとも古い、もっとも正当な生物は樹木であり、動物はその植物の産出する酸素のおかげでやっと生存を保っているにすぎない。その動物の中でもとりわけ人間というものはわがままな動物で、せっかく植物が蓄えた酸素を大量に消費し、この地球上に二酸化炭素をまき散らすのである。

そのように考えると、日本の古代人が樹木に神が宿り、また樹木そのものが神であると考えたのは、植物のもっている[2]このような意味をよく理解したものであり、それは本質的に正しい世界観なのである。その世界観を逆転させ、人間を他の動植物の支配者の地位におき、他の生物を単なる物質と見なす近代的世界観は根本から間違っているのである。

このような世界観は間違った世界観であることがようやく人間にも分かってきた。人間中心の世界観を植物中心の世界観に変え、世界における人間の地位を冷静に考えることによってしかこの地球環境の危機は解決できないと思う。

問一　左の文章は、本文中の空欄［イ］～［ホ］のいずれかに入る。最も適当な箇所を選べ。

それはいずれも自分も生き、子孫を生かそうとする意思であり、それほど違っているとは思われない。

問二　空欄［A］［C］に入る最も適当な語を、次のイ～への中から選べ。ただし、同じ語を二度用いてはならない。

イ　まったく　ロ　もっとも　ハ　それゆえ

ニ　たとえば　ホ　けれども　ヘ　たかだか

問三　空欄 B に入る最も適当なひらがなを三字を記せ。

問四　傍線部１「どれだけ多くの光をどれだけ吸収できるか」という考え方を、筆者はどういう言葉で記しているか。本文中の三字以上五字以内ひとつづきの語句を抜き出して記せ。

問五　傍線部２「このような意味」を具体的に示している部分はどこか。本文中の二十字以上二十五字以内ひとつづきの部分を抜き出し、その最初の五字と終わりの五字を記せ。

問六　次のイ〜ホの文の中には、本文の説明としてふさわしくないものが一つだけある。それを選べ。

イ　人間以外のものにも人間と等しい生命の意思を認めている。

ロ　人生を長く過ごして来ることによって生まれる人間の知恵こそが、自己の周囲の本質を見直させ、人生体験から生まれる深い味わいを生み出していると言える。

ハ　自然や植物を新しい視点で見直すことは、いつもはにごった考えで包まれている人間存在の真のあり方を改めて発見することにつながる。

ニ　人間こそ万物の長という人間絶対の考え方を捨てて、人間は周囲のものによって生かされた存在だと考えることで新たな人間認識を打ち立てることができる。

ホ　古代人の神の問題について触れているように、人間を超《こ》えた存在を頭に置くことによって現実の人間の真相を考えている。

（早稲田大（人間））

出典

梅原猛「植物の意思——人間の地位を考えること」（『東京新聞』一九九四年九月二六日夕刊〈思うままに〉）

語句説明

愛《め》でる（5行目）……かわいがる。ほめる。
緻密《ちみつ》（14行目）……精密。綿密。

要約

植物は、植えられた場所で合理的に生きる。動物は、その植物の産出する酸素のおかげでやっと生存を保っているにすぎない。樹木そのものが神という日本の古代人の考えは、正しい世界観である。人間中心の近代的世界観を植物中心の世界観に変え、世界における人間の地位を冷静に考えることによってしか、この地球環境の危機は解決できない。

本問の価値

梅原猛氏は哲学者・評論家であり、幅広い歴史的・文学的・哲学的・宗教的教養を基盤として、芸能・文学・文化現象・歴史等について、斬新な解釈を展開している。

梅原氏の文章は、万物に対する温かい共感・愛情が底流にあり、人間味溢れる、しっとりした筆致が特徴的である。

梅原氏は、長期間にわたる入試頻出著者であり、特に難関大学での出題が目立つ。例えば、以下の通りである。

一橋大「『もののあはれ』について」
大阪大（文）「伝統と創造」
上智大（経営）「笑いの構造」
中央大（法）「反時代的密語『民主主義道徳の創造』」
法政大（社会）「地獄の思想」
関西大（法）「地獄の思想」

本問では、最近の頻出・流行論点である「地球環境問題」について、哲学的・仏教的視点から、本質的論述がなされている。

このような哲学的・仏教的・本質的議論は、受験生の共通の弱点になっている。

今のうちに、弱点を補強するために、ぜひ積極的に問題にチャレンジしてほしい。

そして、出来は余り気にせずに、じっくり復習することが大切である。

解説

問一《脱文挿入問題》（標準）

脱文の「それらはいずれも」「それほど違っているとは思われない」に注目する。

↓

本文において、二つの事柄を比較している部分を捜す。

↓

[二]の直前の「どう違うのか」に着目する。

↓

脱文を挿入して、空欄前後との文脈を確認する。（このチェックを忘れないようにしよう。）

問二《空欄補充問題》（標準）

A

A以下の記述が、直前段落最終文の「樹木が不思議な意思をもっている」（7行目以下）の具体例になっている点に注目する。

C

[C]の直前の「決断」「樹木全体の生死」、直後の「生死に関わる決断」に特に着目して、

↓

[C]の直前・直後の文の因果関係、理由・結論の関係を読み取る。

問三《慣用表現・記述問題》（やや難）

直前の「生存をかけて」に着目する。

↓

「**しのぎ（鎬）を削《けず》る**」とは「激しく争い合う」という意味。

問四《抜き出し問題》（やや難）

「どれだけ多くの光をどれだけ多く吸収できるか」ということは、直前段落の「枝をどこに出すか」と同義であり、「生存」（17行目）に関する重大問題であることを読み取る。

↓

同様の「生存」についての議論をしている部分を捜す。

↓

第六段落（23行目以下）に注目する。特に着目すべきは、25行目以下の「植物ぜんたいが強い生存への意思をもち、そのような場合に応じて理性的判断をするように

作られているのではないか」の部分である。

問五《抜き出し問題》（難）

「そのように考えると、日本の古代人が……と考えたのは、植物のもっているこのような意味をよく理解したものであり」の文脈に注意する。

←「そのように」とは、直前段落の内容をさしている。

←特に重要なのは、「樹木は……われわれ動物が生存できる環境を与えてくれる。こうしてみれば、……動物はその植物の産出する酸素のおかげでやっと生存を保っているにすぎない。」という、「植物による恩恵」の部分である。

←従って、「このような意味」とは、「植物による恩恵」を「意味」すると考えるべきである。

←「このような意味」を「具体的に示している部分」としては（字数制限も考慮して）、「われわれ動物が生存できる環境を与えてくれる」（30行目以下）を抜き出すべきである。

←「地球のもっとも古い、もっとも正当な生物は樹木であり」（31行目以下）も候補だが、この部分では「植物による恩恵」のニュアンスが弱く、「単なる事実」の記述なので、不適切である。

←これに対して、「二酸化炭素を吸収して酸素を放出し」（30行目）の部分が「古代人」と整合しない、という反論も考えられる。

←しかし、「二酸化炭素……放出し」の部分を切り離し、抽象的に、「古代人」が「植物による恩恵」を考えるのは、充分に可能なはずである。

問六《趣旨合致問題》（標準）

ロ（○）「人間の知恵」を重視し、「人間中心の世界観」を採用しており、不適切である。

←イ・ハ・ニ・ホは「人間中心の世界観」を採用していない。

解答

（合計点50点・合格点34点）**（やや難）**

問一　ニ　（8点）**（標準）**

問二（小計6点・各3点）**（標準）**

A　ニ

C　ハ

問三　しのぎ　（4点）**（やや難）**

問四　理性的判断　（10点）**（やや難）**

問五　われわれ動……えてくれる　（10点）**（難）**

問六　ロ　（12点）**（標準）**

著者紹介

梅原猛（一九二五—）

　哲学者・評論家。宮城県出身。京都大学文学部哲学科卒業。立命館大学教授、京都市立芸術大学学長。「隠された十字架」「水底《みなそこ》の歌」「写楽　仮名の悲劇」等、多数の著書がある。

7　黒崎 政男『自動機械が問う『生命』』

次の文章を読んで、後の問題に答えよ。

「めちゃくちゃかわいい」「本物の犬より動作が犬らしくて、不気味だ」。ソニーから発売された犬型人工知能「ＡＩＢＯ（アイボ）」が大きな話題となっている。ショールームで人々の反応を見ていると、アイボの［Ｐ］一投足に[1]カンセイが上がっていた。しかし、ぎくしゃくしているとか、［ア］的すぎて愛着がわかない、などの反応もある。

ここわずかの間に、ホンダの二足歩行人間型ロボットをはじめ、三菱重工の本物そっくりの魚ロボットなど、コンピューターを[2]クシした〈デジタル生物〉ともいうべき存在が次々と出現してきている。完成度はともかくとして、いったいこれらはどんな存在なのだろうか。このような存在になんの意味があるのか？

狭い文脈で言えば、デジタル生物たち、特にアイボは、市場を巻き込んだ行動型人工知能（ＡＩ）の実験という側面を持っている。

従来のＡＩは、基本的に人間の頭脳活動のシミュレーションであり、思考型ＡＩという性格を持っていた。この［イ］的ＡＩは、チェス・コンピューター「ディープ・ブルー」のような成果はあげたものの、基本的には、柔軟な人間知能には到底及ばず、研究上では一九八〇年代には[3]スイタイを迎えた。

[A]その代替案として登場したのが、むしろ昆虫のように単純に外界との刺激——反応によって行動す

る、行動型ＡＩである。知能を、[ウ]的な記号操作ではなく、外界との相互作用によって学習・成立していくもの、ととらえたのである。

アイボは、視覚・音声・距離・温度センサーなどを組み込んでいるということだが、それらで外界の[Q]を入力し、それに応じてさまざまな[R]を返す、という仕組みになっているはずである。

これらのデジタル生物は、[S]を持ち、自ら考えて行動しているわけではない。にもかかわらず、それらと付き合っていくなかであたかもそうであるかのように〈見えてくる〉可能性がある。

機械の心とは、基本的には、我々が機械と付き合っていくなかで、相手（機械）に投影して、あたかもそれがあるかのごとく感じるものであり、これを私は関係論的把握と呼んでいる。

ショールームで、十歳ぐらいの子供がアンケート用紙に記入しているのを横からのぞくと、「遊んでもらいたい」と書きこんでいたのが妙に印象的だった。こちらが遊ぶのではなく、ロボットに遊んでもらう、という主体の入れ替えが、すでに垣間見られたからである。

しかし、広い文脈で言えば、今出現しつつある行動型ＡＩのデジタル生物たちは、人類の長い願望である自動機械（オートマタ）の歴史の延長上にあると見なすこともできる。オートマタは、神が人間をつくったように、人間が命ある物体をつくり出そうとする[T]の産物である。そして、澁澤龍彦が指摘しているように、それは人間のうちに潜む、[U]を恐れぬ権力志向の意志の象徴であり、また、人工性賛美の象徴でもある。

本来なら動かない物質が動きだすのは、魔法のような快い驚異であると同時に、恐怖や不気味さの感覚をも喚起する、というのが渋澤の指摘である。

[B]オートマタへの夢は、いったいどのような意味を含んでいるのか。近世哲学の[4]カイソのひとりホッブスは、『リヴァイアサン』（一六五一年刊）で次のように述べている。
「人間の技術は、人工動物をつくりうるという点でも自然を模倣している。時計のようにバネと歯車でみずから動くオートマタは、人工生命（アーティフィシャル・ライフ）を持つといってよいのである」

このような発想は人類の歴史に脈々と息づいているのだが、オートマタを人工生命と見なす思想は、同時に、人間や動物も逆に、精巧な機械にほかならないとするド・ラ・メトリーの人間機械論の思想を生み出すことになった。［エ］的に動く物体を作り出そうとする人類の［オ］的な衝動は、実は、人間自らを複雑で精巧な自動機械と見なすことと同根なのである。

ホンダの二足歩行人間型ロボットを見たとき、私たちのなかには不安と不気味さが喚起され、人間とはあのようなものなのか、と鏡をつきつけられる思いを味わう。それと同じように、将来、高度に進化を遂げるであろう犬型ロボットと、現実の犬の間になんら意味のある差異を見いだせないとき、私たちは、いったい生命とはそもそもなんなのか、と自問することになるだろう。

注：渋澤龍彦　仏文学者・評論家。マルキ・ド・サド、コクトーなどの翻訳やエロティシズムと幻想に関する評論がある。
　ド・ラ・メトリー　一八世紀フランス啓蒙期の唯物論者で医者。デカルトの機械論を徹底させ、精神も物質に還元されると説いた。

問一　傍線部1～4の片仮名を漢字に直せ。

問二　空欄ア～オに入れるのにもっとも適切な語を、次の1～5の中から選べ。ただし、一つの語は一か所にしか入らない。

1　抽象　2　自律　3　伝統　4　根源　5　機械

問三　空欄Pに入れるのにもっとも適切な語を漢字で書け。

問四　空欄Q・R・S・T・Uに入れるのにもっとも適切な語を本文中から選べ。なお、Q・Rには二字の漢字、S～Uには一字の漢字がそれぞれ入る。

問五　傍線部Aのような「行動型AI」に接することによって、人はどのような感情を持つことになると筆者は考えているか、それをもっとも良く示している十字の語句を二つ本文中から抜き出せ。

問六　傍線部Bについて次の設問に答えなさい。

1　「オートマタへの夢」はどのような考えに結びつくと筆者は考えているか、それを端的に示している五字の語句を本文中から抜き出せ。

2　傍線部Bの問いかけから、筆者はどのような問題に突き当たると言っているのか。それをもっともよく示している十三字の語句を抜き出せ。

問七　次の1〜6について、本文の趣旨に合致するものには○を、合致しないものには×をつけよ。

1　デジタル生物を生み出した思想は、歴史的にはホッブスに遡ることが出来る。
2　人間型デジタル生物の素晴らしさは、人間同様、意思や感情を持つということである。
3　デジタル生物を生み出した要因の一つに、全能の力を持ちたいという人間の願望がある。
4　ド・ラ・メトリーの思想は、ホッブスが『リヴァイアサン』で述べていることとは相いれない考え方である。
5　デジタル生物が限りなく進歩すると、現実の生物との区別が付かなくなる恐れがある。
6　思考型の人工知能では、知能を記号操作ではなく外界との相互作用によって成立するものと捉える。

（学習院大（法））

出典

黒崎政男「自動機械が問う『生命』」（『朝日新聞』一九九九年七月七日夕刊〈科学をよむ〉）

語句説明

シミュレーション（11行目）……モデル実験。**模擬**《もぎ》実験。見せかけ。**真似**《まね》。

記号（15行目）……①一般的には「事物や関係を簡明に表現するもの」という意味である。化学記号や数字における記号がその例である。

②これに対して、**「記号論」**でいうときの**「記号」**は、かなり広い意味で使われる。**「一定の意味を持つもの」**のすべてが**「記号」**である。**言語・制度・衣服・行動・芸術**など、すべてである。本問では、文脈上、こちらの意味で使われている。

垣間《かいま》**見られた**（25行目）……ちらっと見えた。

要約

今出現しつつあるデジタル生物たちは、人間が命ある物体（自動機械）を作ろうとしてきた夢の産物である。オートマタ（自動機械）への夢は、いったいどのような意味を含んでいるのか。オートマタを人工生命と見なす思想は、人間機械論を生み出し、最終的には、生命とは何であるかを自問することになるだろう。

本問の価値

黒崎政男氏は、人工知能、電子メディア等を哲学の角度から解明している、トップ・レベルの哲学者である。

黒崎氏は入試頻出の著者であり、最近の難関大学での出題状況は以下の通りである。

東京学芸大「人工知能――コンピューターの〈知能〉形態」
京都教育大「ユビキタスが変える現実」
岩手大（教育）「哲学者はアンドロイドの夢を見たか」
上智大（法）「ゆらぐ科学のリアリティー」
中央大（商）「速度礼賛から時の成熟へ」
学習院大（文）「電脳社会で自己を保つ」
関西大（総合情報）「大変動するコミュニケーション形態」
学習院女子大「身体にきく哲学」

「IT化の光と影」、特に**「影」**についてのテーマ・論点は、様々な著者により、多く書かれており、入試で実に良く出題されている。新書レベルでも多くの著作があるので、受験対策上、ぜひ読むことをお勧めする。

「ＩＴ化の影」のテーマ・論点は、テレビ・ラジオ・新聞のマスコミではあまり論じられていない。従って、受験生は読み慣れていないので、ピンと来ないかもしれない。現に、この種のテーマ・論点は、受験生共通の弱点になっているようである。

しかし、何事にも「光と影」がある。特に、「光」が強いほど、「影」は濃くなるものである。そのことを明確に意識しないと、現在の急速なＩＴ化に適切に対応できないと思う。

最近の入試では、「影」についてのテーマ・論点は頻出しているので、「極端な文章」「風変わりな文章」とは思わず、本文をじっくり読み取ってほしい。

解説

問二《空欄補充問題》（標準）

ア

直前の「ぎくしゃくしている」、直後の「的すぎて愛着がわかない」の文脈から、「**機械**」（**5**）を入れる。

イ

「この[イ]的ＡＩ」は、直前の一文の「従来のＡＩ」をさすので、「**伝統**」（**3**）を入れる。

ウ

直後の「記号操作」をヒントにして、「**抽象**」（**1**）を入れる。

エ

「[エ]的に動く物体」とは、「時計のようにバネと歯車でみずから動くオートマタ」をさしているので、「**自律**」（**2**）を入れる。

オ

29行目の「それ（←オートマタ）は人間のうちに潜む……権力志向の意志の象徴」に注目して、「**根源**」（**4**）を入れる。

問三《慣用表現・記述問題》（標準）

「**一挙手一投足**《いっきょしゅいっとうそく》」とは「細かい一つ一つの動作」という意味。同類語に「**一挙一動**」がある。

問四《空欄補充問題》（標準）

Q・R

「単純に下界との刺激――反応によって行動する、行動型ＡＩ」（14行目以下）に着目して、Ｑに「**刺激**」、Ｒに「**反応**」を入れる。

S

直後の「自ら考えて」、21行目の「機械の心」に注目して、「**心**」を入れる。

T

「人類の長い願望である自動機械（オートマタ）」（26行目以下）、「オートマタへの夢」（33行目）をヒントにして、「**夢**」を入れる。

U

［U］直後の「を恐れぬ権力志向」、「神が人間をつくったように」（27行目以下）を総合的に考えて、「**神**」を入れる。

問五《抜き出し問題》（標準）

「十字の語句」がヒントになる。

↓

設問文に注目して、「『行動型ＡＩ』に接することによって」「人はどのような感情を持つことになる」のか、の二点を押さえながら、本文を精読する。

↓

31行目以下に着目する。なお、著作は、28行目以下の記述より、渋澤龍彦に賛成の立場に立っていることに注意する。

問六《抜き出し問題》（やや難）

1

傍線部の「オートマタへの夢」は、37行目で「オートマタを人工生命と見なす思想」と言い換えられている。

↓

この「思想」が「人間機械論の思想を生み出すことになった」と記述されている。

2

「十三字の語句」が大きなヒントになる。

← 設問文の「どのような問題に突き当たる」を「行き止まり」「行き詰まり」のニュアンスで考えるとよい。

← 42行目以下の最終文に着目する。「差異を見いだせないとき、私たちは、いったい生命とはそもそもなんなのか、と自問することになるだろう」における「……」の部分は、まさに「突き当たる」ことそのものである。

問七《趣旨合致問題》（やや難）

1（○）33〜37行より正しい。特に、「このような発想は人類の歴史に脈々と息づいている」に注意する。

2（×）このような記述は本文にはない。むしろ、「デジタル生物は、心を持ち、自ら考えて行動しているわけではない」（19行目）と述べている。

3（○）27〜29行の「オートマタは……権力志向の意志の象徴」より正しい。

4（×）37〜39行の「このような発想（＝ホッブスの思想）は……ド・ラ・メトリーの人間機械論の思想を生み出すことになった」に反する。

5（○）42〜44行より正しい。この**5**は**問六2**に関連している。

6（×）「思考型」の部分が誤りである。14〜15行より「行動型」である。

解答

（合計50点・合格点34点）**（やや難）**

問一（小計8点・各2点）**（標準）**

1 歓声
2 駆使
3 衰退
4 開祖

問二（小計10点・各2点）**（標準）**

ア 5
イ 3
ウ 1
エ 2
オ 4

問三 一挙手（3点）**（標準）**

問四（小計5点・各1点）**（標準）**

Q 刺激
R 反応

S 心
T 夢
U 神

問五（小計4点・各2点）（標準）
魔法のような快い驚異（10字）
恐怖や不気味さの感覚（10字）

問六（小計8点・各4点）**（やや難）**
1 人間機械論（5字）
2 生命とはそもそもなんなのか（13字）

問七（小計12点・各2点）**（やや難）**
1 ○
2 ×
3 ○
4 ×
5 ○
6 ×

著者紹介

黒崎政男（一九五四―）

哲学者。宮城県生まれ。東大文学部哲学科卒業。同大学院博士課程満期終了。東京女子大学教授。「情報の空間学」「デジタルを哲学する」「身体（からだ）にきく哲学」「哲学者クロサキの哲学する骨董」「今を生きるための『哲学的思考』」等、多数の著書がある。

８　藤原　新也「ネットが世界を縛る」

次の文章を読んで、問いに答えよ。

二〇一〇年代のコミュニケーションの姿を考える手がかりに、この十年間のコミュニケーションはどうだったのか、思い巡らせてみた。

昨年の四月、東京・六本木のミッドタウンそばにある公園で裸になって逮捕された「ＳＭＡＰ」のメンバー、Ｋさんの事件は、それを考える上でのヒントになるように思う。あの出来事は今のどこにでもいる若い子のコミュニケーションを巡る風景とそっくりじゃないか、と思ったからだ。

Ｋさんはもともと感じのいい人だったのだと思う。そのいい人が、アイドルとなる過程で「いい人キャラクター」を記号として演じ続けることになる。その「いい人への過剰適応」の重みに彼は押しつぶされたのではないか。

渋谷に越してきて十二年になるが、今の若者にはおしなべてこのＫさん型の「いい子キャラへの過剰適応」が見られる。

まず会話に「間」がない。相手の言葉を咀嚼《そしゃく》する前にすぐ同調の言葉を発する。周りの雰囲気を壊さないよう、グループからはじき出されないように注意深く会話し、いい子を演じることが身についている。

母と子の関係も同じで、口やかましい母の前でずっと「いい子」で通してきた子がある日突然荒れはじめたり引きこもったり、拒食・過食に陥ったりする。そんなある子はセンター街あたりで欠落した愛情の代替行為として援助交際に走ったりもするわけだが、ドロップアウトした子もまじめな子も「いい子過剰適応」という意味で元の根っこは同じだ。

だが、Kさん型の「いい人への過剰適応」は、若い人固有の世界ではなく、大人世界の問題でもある。タレントの人気が「好感度」によって査定されるという、あの不可思議な評価基準。いまやタレントのみならず一般人、企業やマスメディア、政治までもが、その好感度という尺度で査定される。

その目に見えない風圧にさらされ、いい人を演じて波風の立たない気持ちの良い人間関係を作ることに個々人が A する。そこには、相手の言葉や行為を正面から受け止め、たとえ軋轢《あつれき》が生じても自らの思い、考えを投げ返すという、本当の意味のコミュニケーションが希薄だ。

こういった空気読みの風景は、二〇〇一年の九・一一同時多発テロ事件以降の一般的傾向のように思う。アメリカはあの事件をきっかけに絶対悪、絶対善で世界を二分し、その(ア)「踏み絵」を世界政治の前に突きつけた。いまだにその「空気読み」で世界政治が動いている。

そんな時代の空気を作り出したのはネットの影響も大きい。

ネットほど便利なものはないが、負の部分は、それが思わぬ監視機構として機能してしまうということだろう。そういう意味で一九九九年の「東芝クレーマー事件」は監視社会の端緒となる出来事だった。

製品の修理に関する使用者の苦情に対して東芝側のとった乱雑な応対がすべてネットに録音公開され、不買運動にまで発展したあの事件だ。企業はネットの「恐ろしさ」を痛感し、以降、企業と姿の見えない世間との相互監視が大変強くなった。

大人世界がそういった相互監視の風圧に曝《さら》される一方、「学校裏サイト」に見られるように、ケータイやネット環境は監視装置として子供の個人情報や発言をも白日の下に曝し、子供たちは空気を読んで行動せざるを得なくなった。

そのように相互監視システムがはりめぐらされて、同調圧力の風圧が強まる中、今後のコミュニケーションはどうなるか。

ネット社会が臨界に達したときに、ゆり戻しが来るのではないかと期待をしている。そしてその兆候がかすかに見えている面もある。

例えばアメリカの人気歌手マドンナが、人と直接に対面するライブやイベントに活動をシフトしたという報が最近あったが、それはネットのダウンロードやユーチューブの閲覧でＣＤが圧倒的に売れなくなったからだ。皮肉にもネットの臨界現象が B を復活させている、という前向きな見方も出来る。日本でも人気グループＡＫＢ48が全国でマラソン握手会というような汗臭いイベントをやって、そのライブ感が受けている。今後十年それに似た B の復活は方々で起きるのではないか。

（1）

ネットの体制内での変化も見逃せない。いま急速に広まっている「ツイッター」は一四〇字以内のつぶやきをライブで交信するネットシステムだが、ブログがタイムラグのある「文章」ならツイッターはライブで発している「声」や「呼吸」に近い。そういう意味で、これまでのネットメディアにないある種の身体性を感じる。「声」がネズミ算式に一気に広まることを秘めたシステムであることを考えるとき、その声や空気の集積が時代の気分や価値観を作り出す可能性は十分にありうる。

（2）

それは逆に考えると究極の相互監視システムでもあるからだ。あののどかなブログでさえ自分の行動や居場所や思考が不特定多数の人々の目に曝されるわけだ。ツイッターはさらに「タイム・スライス」で刻々と自分の行動が明らかになる。自分の身体をＣＴスキャンで輪切りにして白日の下に曝すようなものだ。

（3）

ツイッターが新しいメディアにもかかわらずその使用者の中央年齢値が高く、子供や若年層が意外と参入していないのは、「学校裏サイト」などで彼らが死活問題とも言える辛酸をなめているせいかも知れない。

（4）

おじさんおばさん世代が嬉々《きき》としてツイッターにはまっている光景はネット相互監視のダメージの経験のない世代の平和な光景にも見える。

（5）

（藤原新也氏への四ノ原恒憲記者によるインタビュー「ネットが世界を縛る」〈『朝日新聞』二〇一〇年一月三日付〉より。なお一部を改めた）

注　センター街＝東京渋谷の著名な繁華街。
ユーチューブ＝個人で動画番組を制作し、配信して楽しむインターネット動画共有サービス。
ブログ＝覚え書きや論評などを記録・公開するウェブサイトの一種。

問一　[A]に入れるのに、最も適当と思われるものを、次のなかから選べ。
1　不振　2　普請　3　腐心　4　不審　5　負薪　6　浮心

問二　傍線㋐の「踏み絵」と最も近いと思われる意味の語を、次のなかから選べ。
1　試行錯誤　2　能力検定　3　意志薄弱　4　志操堅固　5　思想調査　6　実地検査

問三　[B]に入れるのに、最も適当と思われることばを、本文中からそのまま抜き出して、漢字三字で書け。

問四　次の一文は、文中の（1）～（5）のどこに入れるのが最も適当か。その番号を答えよ。
だが僕個人は、このツイッターに可能性を感じながら警戒もしている。

問五　本文の内容に合致するものを、次のなかから一つ選べ。

1　二〇一〇年代のコミュニケーションの姿は、「東芝クレーマー事件」が端緒となって現出した企業と世間との相互監視というネット社会の負の部分が、ケータイやネット環境によって子供たちをも空気を読んで行動させるようになってしまった現在、予測することは難しい状況である。

2　今後のコミュニケーションは、IT革命の掛け声のもとネット社会が臨界に達するまでになり、それは究極の監視社会を生みだし、若年層に死活問題ともいえる辛酸をなめさせたが、高齢者層が嬉々としてツイッターにはまっている和やかな光景にほんのかすかな可能性を見出せる。

3　二〇一〇年代のコミュニケーションの姿は、限界に達したネット社会に起きるであろうゆり戻しに期待したいが、その動きはまだ微弱で、一部の芸能人たちの汗臭い試みにとどまっており、それがネットの体制内にも立ち現れることをあれこれ夢想している段階にとどまるであろう。

4　今後のコミュニケーションは、ネット社会が臨界に達しようとしている現在、相手の言葉や行為を正面から受けとめ、たとえ軋轢が生じても自らの思い、考えを投げ返すという本当の意味でのコミュニケーションの回復に向かうと思われ、ツイッターにそのわずかな可能性を認める。

5　今後のコミュニケーションは、SMAPのKさんの事件に象徴されるように、いまや、好感度という査定尺度への過剰すぎる適応が社会のあらゆる領域で求められるようになり、気持ちのよい人間関係をつくることに人びとが四苦八苦するという極限の監視社会を生み出すであろう。

6　二〇一〇年代のコミュニケーションの姿は、現在のネット社会が人びとの価値観を絶対悪と絶対善の二極に分断し、その間で孤立させられた人びとは人間と人間の真に豊かな交流を求めるようになっており、人間らしい社会の再建をになうものとして人びとを結びつけるものとなる。

（立命館大（文系））

出典

藤原新也氏へのインタビュー「ネットが世界を縛る」(『朝日新聞』二〇一〇年一月三日朝刊)

語句説明

軋轢《あつれき》(22行目)……仲が悪くなる。不和。

端緒《たんしょ》(29行目)……「たんちょ」とも読む。物事の初め。糸口。手がかり。

白日《はくじつ》**の下**《もと》**に曝**《さら》**し**(34行目)……隠していたことが全て明らかになる。

臨界《りんかい》(38行目)……物事の状態が変化する限界。

辛酸《しんさん》**をなめている**(58行目)……数々のつらい経験をする。

嬉々《きき》として(61行目)……「喜々として」とも書く。本当にうれしそうに。

要約

今は若者も大人も、いい人を演じる傾向が強い。相手の言葉や行為を正面から受けとめ、自らの思い、考えを投げ返すという本当の意味のコミュニケーションが希薄だ。このような時代の空気はネットの影響も大きい。ネット上で相互監視システムがはりめぐらされているからだ。しかし、ネット社会が臨界に達したとき、コミュニケーションにおいて、ゆり戻しがくるのではないか。その兆候がかすかに見えている。

本問の価値

藤原新也氏は、現代文明、特にIT化に関連して、とても説得力のある評論を書いている写真家・作家である。藤原氏の著作は、難関大入試に頻出している。

本問も、7と同様に、**「IT化の影の部分」**を論じているが、特に**ネット社会のマイナス面**に焦点をしぼっている。

この種のテーマ・論点は、受験生共通の大きな弱点になっているので、二問連続して取りあげることにしたのである。

現代的な興味深い具体例から本質論を導いていく、藤原氏の論の展開は、実にスムーズである。

重大なことを淡々と論じていく高レベルの筆力をみると、長年、難関大入試で頻出しているのも、うなずける。

受験生としては、重要なポイントをうっかりと見逃さないように、丁寧に読んでいくべきである。

解説

問一《空欄補充問題》（標準）

［A］直後の文で「そこには、……たとえ軋轢が生じても自らの思い、考えを投げ返すという姿勢が希薄だ」という意味のことが述べられている。

←［A］を含む一文は、「波風の立たない人間関係を作ろうと努力する」という文脈であることがわかる。

←従って、［A］には「いろいろ悩み、努力すること」という意味の「**腐心**」（**3**）が入る。

問二《選択問題》（標準）

「絶対悪、絶対善で世界を二分し」、「世界政治の前に」その選択を迫ったのであるから、「**思想調査**」（**5**）が正解となる。

問三《空欄補充・抜き出し問題》（やや難）

①「人と直接に対面するライブやイベント」（40行目）

②「マラソン握手会というような汗臭いイベント」（43行目）

③「ツイッターはライブで発している『声』や『呼吸』に近い。そういう意味で、これまでのネットメディアにないある種の身体性を感じる」（47行目以下）の、

三つの部分の共通性に注目する。

←［B］には「**身体性**」が入る

問四《脱文挿入問題》（やや難）

脱文の「だが」に注目する。

←挿入する箇所の直前には、「ツイッターの可能性」が、直後には「警戒」（→ツイッターのマイナス面）が記述されているのであろう。

←（**2**）の直前に「可能性」の記述があり、直後に「究極の相互監視システム」の記述がある。

問五《趣旨合致問題》（やや難）

1（×）「予測することは難しい状況である」の部分が、本文の38行目以下の「ネット社会が臨界に達したときに、ゆり戻しが来るのではないかと期待をしている。そしてその兆候がかすかに見えている面もある」に反している。

2（×）「ほんのかすかな可能性を見出せる」の部分は、「ツイッター」を「究極の相互監視システム」と考える著者の立場に合致しない。

3（×）「それがネットの……とどまるであろう」の部分が、本文の46〜50行に反する。

4（○）本文の36〜50行に合致する。

5（×）「気持ちのよい……極限の監視社会を生み出すであろう」の部分が、「ゆり戻しが来るのではないかと期待をしている」著者の立場に反する。

6（×）「現在のネット社会が人びとの価値観を絶対悪と絶対善の二極に分断し」の部分が、本文の25行目に反する。

解答（合計点50点・合格点34点）**（やや難）**

問一　3（8点）**（標準）**
問二　5（6点）**（標準）**
問三　身体性（12点）**（やや難）**
問四　（2）（10点）**（やや難）**
問五　4（14点）**（やや難）**

著者紹介

藤原新也（一九四四―）

写真家・作家。福岡県出身。木村伊兵衛賞などを受賞。著書に「インド放浪」「東京漂流」「書行無常」など。コミュニケーションをテーマにした作品に「渋谷」「コスモスの影にはいつも誰かが隠れている」ほか。

加藤周一「夕陽妄語　私が小学生だった時」

次の文章を読んで、後の問題に答えなさい。

世間で子供の教育の話が取り沙汰《ざた》されると、私は自分が小学生であった頃のあれこれを思い出す。そして二つのことを考える。第一に、社会は教育を必要としていること、しかし第二に、どういう教育をすれば、どういう人間ができるかは、誰にもよくわからないということである。その二つのことから、多くの教育制度は、成人《おとな》の社会がみずからの願望を子供たちに押しつける装置となる（あるいはそうなる一面をもつ）。

私の小学校には、その頃すでに中学校の入学試験競争が盛んになろうとしていたが、そういうことには目もくれず、理科の実験に熱心なM先生が居た。学校には「理科実験室」と称する小さな部屋があり、その片隅にM先生は蛙《かえる》の心臓とガラスのパイプとリンゲル液（?）から成る自家製の血液循環模型を置いていた。その模型に注意する子供も教員もほとんどいなかったが、私は深く魅せられたといってよいだろう。授業の休み時間に、私は他の子供と校庭へ駆けだしてゆく代わりに、蛙の心臓の[1]ミャクハクを見つめていた。そこにはすべてがあった、――蛙と私の身体の［P］、メカニズムとしての人体、複雑な対象を模型に還元する環境理解の方法……、後年私は医者になり血液学を専攻した。

それはM先生の蛙の心臓の結果だったろうか。それはわからない。M先生に出会わなくても私は血液学を学んでヒロシマへ行ったかもしれないし、出会ってもその他の条件がそろわなければ、医者にならなかったのかもしれない。その他の条件の多くは偶然に与えられたものだし、いくらかの部分は意識的選択の結果でもあった。どちらも小学校での教育とは深い関係がなかったろう。

【ア】小学校には「いじめ」もあった。教師の権威と力は圧倒的であったから、教室ではなかったが、校庭や通学の途中にそれはあった。病気がちの子供で、腕力に乏しかった私は、いじめる側に加わったことはないが、いじめられる側にまわったことはある。私には自衛の工夫が必要であった。教師や親たちに助けを求めることはできない。私は同級生の中でも腕力のいちばん強そうな子供に接近し、その暴力による保護をもとめた。その代わりに教室で教師から質問され彼が窮地に陥ったときには、秘かに解答を彼に手渡した。そのことに気づかない教師もあり、気づいていても黙認していた教師もある。

そういう取引は中学校では【イ】徹底した。私は今でも日本国の外交姿勢を見ると、小学校での私の「いじめ」対策を思い出す。私はその後かつての「ボディーガード」と親しくなったこともあるが、二一世紀の日本はどうなるだろうか。「いじめ」教育の結果も予想しがたい。

私の両親の子供――一歳ちがいの兄妹――に対する態度はきびしかった。反抗すれば押入れに閉じこめられたり、家の外に閉め出されたりした。父は子供の言うこと為すことについての不合理は許さなかった。母はやさしく、寛大で、何事についても強制するよりは説得しようと努めていた。争いがあれば双方の言い分を聞く。私はそのことに慣れ、学校を含めて家庭の外の社会の習慣が必ずしもそうでないことに強く反発していた。

成人《おとな》は「純真[2]無垢」な子供を空想することを好む。子供は成人《おとな》に尊厳と誤らない判断を期待する。人は現実認識だけでは生きられない。現実を越えようとする何らかの理想、または幻想と共に生きるのであろう。

私の小学校は東京の渋谷区にあり、夕暮れには宮益《みやます》坂からふり返ると西の方丹沢《たんざわ》山脈の彼方《かなた》に夕焼けの富士があざやかに見えた。そこで私は日本の「自然」を発見したにちがいない。学校の国定教科書に富士が出てきたかどうかは、今覚えていない。［ウ］出てきたとしても、富士への愛着を育てたのは、宮益坂の夕暮れで、国定教科書の月並みで退屈な文句ではなかった。それはまだ歌に「世界の人が仰ぎ見る」というナショナリスティックな考え方の流行する以前のことである（「世界の人」のことは「世界の人」に聞いてみなければわからない）。

小学校はまだ日本の「文化」を強調してもいなかった。教室の壁に『富嶽三十六景』が掲げてあったわけではない。後になって私はいくつかの美術館を訪ね、セザンヌのサント・ヴィクトワール山連作と共に北斎の富嶽を知った。そこでも問題は山ではなく、画家の眼《め》であることはいうまでもない。「自然」ではなく「文化」。「愛国心」というとき、「国」の内容はその自然（山河）と文化（言語・芸術・社会）であろう。「愛」とはなんであろうか。

私が小学生であったとき、母に抱かれて経験した「愛」は、一般的抽象的な概念を[3]バイカイして自覚されてはいなかったが、母から私への、私から母への、あたたかく、確かで、自発的な、あふれるような感情であった。それはあまりに深い内面的な心情で、それを外面化し、制度化し、公教育に結びつける [Q] を、私は想像もしなかった。

その後私は女の眼の中に同じような「愛」の輝きを見たことがある。同じような—ではあるが、母の表情が静かで確かだったのに対し、激しく圧倒的な、ほとんど破壊的な心情であった。またその後私は、マルティン・ブーバーの「愛」の定義（『我と汝』）を読んで感動したこともある。彼によれば「愛」とは二人の主体が相互に相手を対象化することなしに持つ主体的な関係である。見事な、狭い定義。それはつまるところ唯一神と人との関係へ導かれざるをえないような[4]ドウサツである。しかし私はユダヤ教徒ではない。

私は生涯をふり返ってみて、小学校が愛国心を含めて「愛」について語らなかったことを評価する。人格の統一性の根源は理性ではなく心情の深みにある。その深みについての沈黙は、もちろん私の自己理解に何ら積極的に[5]コウケンしなかった。しかし少なくともその後の経験と矛盾するものではなかった。「愛」について、その対象の[6]如何を問わず今私はソロモンの「雅歌」の一句を信条とする。「愛のおのずから起こる時まで殊更《ことさら》に喚《よ》び起こし且《か》つ醒《さ》ますなかれ」（旧約聖書「雅歌」第二章七、第八章四）。

（加藤周一〈一九一九年生まれ〉「私が小学生だった時」による）

（注）ブーバー＝ウィーン生まれのユダヤ哲学者（一八七八〜一九六五）。
ユダヤ教＝古代イスラエルに興った宗教。モーセ（モーゼ）の十戒を基礎として唯一神ヤハウェ（エホバ）を信仰する。

ソロモン＝古代イスラエルの王。

問一　傍線部1、3、4、5の片かなは漢字に直し、2、6の漢字はその読み方を平がなで記せ。

問二　空欄ア〜ウに入るもっとも適切な語を、次の1〜6の中からそれぞれ一つ選べ。ただし、一つの語は一箇所にしか入らない。

1　さらに　2　だから　3　たとえ　4　逆に　5　たしかに　6　たちまち

問三　空欄P、Qに入るもっとも適切な語を、次の1〜8の中からそれぞれ一つ選べ。ただし、一つの語は一箇所にしか入らない。

1　可能性　2　普遍性　3　観念性　4　習慣性

5　現実性　6　共通性　7　可逆性　8　偶然性

問四　波線部「学校を含めて家庭の外の社会の習慣」は、当時の筆者にはどのように感じられていたと思うか。本文中から漢字三字の言葉を探し、記せ。

問五　小中学校時代の教育や「自然」の発見などを通じて、筆者が心がけてきた生き方は、基本的にどのような態度にあったと思うか。A＝筆者が避けてきた生き方、B＝筆者が身につけた生き方を、それぞれ句読点を含めて二十五字以内で書け。

問六　次の1〜8の中で、筆者の考え方に合致するものを二つ選べ。

1　「愛」は唯一神と個人との関係を基盤として育つ感情だから、その関係だけは公教育を通じて教える必要がある。

2　公教育では成人社会の願望を子供に押しつけがちだから、それよりもきびしい家庭のしつけを重視するべきである。

3　現実認識は人間を自己中心的にしてしまうから、それを防ぐためには普遍的な「愛」の観念を持たなければならない。

4　ブーバーの「愛」の定義は理想としてはみごとだが、それは男女関係にしか当てはまらない狭いものである。

5　「愛」とは学校教育によって教えこむものではなく、各個人が自分の体験で自然に会得して行くものである。

6　今から思えば、小学校の教師の権力や同級生の「いじめ」もまた、「愛」から発していた。

7　母の「愛」は静かで、ある女性の「愛」ははげしかったが、どちらも制度化できないほど内面的なものだった。

8　北斎やセザンヌの絵画が「文化」であるのは、そこに誰しもが認める愛国心が表現されているからである。

（学習院大（法））

出典

加藤周一「私が小学生だった時」(『朝日新聞』二〇〇六年六月二一日夕刊〈夕陽妄語〉)

語句説明

取り沙汰《ざた》(1行目)……世間でうわさすること。**風評**。

還元(13行目)……元にかえすこと。元にかえること。

月並み(39行目)……平凡。ありきたり。**陳腐**《ちんぷ》。ありふれている様子。

ナショナリスティック(40行目)……**ナショナリスト**。国家主義者。民族主義者。

富嶽《ふがく》(42行目)……富士山

殊更《ことさら》(62行目)……①わざと。②わざわざ。③特に。とりわけ。

要約

多くの教育制度は、成人の社会がみずからの願望を子供たちに押しつける装置となる。私は生涯をふり返ってみて、小学校が愛国心を含めて「愛」について語らなかったことを評価する。「愛」について、今私はソロモンの「雅歌」の一句を信条とする。「愛のおのずから起こる時まで殊更に喚び起こし且つ醒ますなかれ」

本問の価値

加藤周一氏は、評論家・小説家であり、長年の間、群を抜いた入試頻出著者である。

加藤氏の文章は切り口が鋭く、論理明快である。反骨精神・批判精神に満ちていて、参考になる点も多い。このような点で、難関大入試の出題者に圧倒的な人気があるのだろう。

どのような学問においても、反骨精神・批判精神と、論理の明快性は大前提である。この二つがなければ、学問の発展・深化はないと言ってよい。

解説

問二《空欄補充問題》(標準)

ア

ア を含む段落は「いじめ」の存在を確認しているので、「**たしかに**」(**5**)が入る。

イ

［イ］の直前・直後は、「自衛」のための「取引」が、中学校になると小学校時代と比較して、いっそう「徹底した」という文脈になっている。従って、「**さらに**」（**1**）が入る。

ウ

直後の「出てきたとしても」に注目して、呼応関係にある「**たとえ**」（**3**）を入れる。

問三《空欄補充問題》（やや難）

P

「蛙の心臓の脈拍を見つめていた。そこにはすべてがあった」

↓

「蛙と私の身体の［P］」

↓

「メカニズムとしての人体」という、論理の流れに着目して、「**共通性**」（**6**）を入れる。

Q

「『愛』は……自発的な……感情であった。それはあまりに深い内面的な心情」だったので、

↓

「それ（＝愛）を外面化し、制度化し、公教育に結びつける［Q］を、私は想像もしなかった」という文脈に注目して、「**可能性**」（**1**）を入れる。

↓

「愛」をどのように考えているのか、「想像もしなかった」との接続はどうか、の二点に注意することがポイントである。

問四《抜き出し問題》（やや難）

「母」の「説得」的で、「争いがあれば双方の言い分を聞く」」姿勢に「慣れ」」、「学校を含めて家庭の外の社会の習慣」に「強く反発していた」という文脈に着目する。

↓

波線部は、著者にとって、「母」の姿勢と対極的なものと感じられていたのである。従って、28行目の「**不合理**」が正解となる。

問五《記述問題》（やや難）

要約からもわかるように、本文は、「愛国心」を含めて「愛」を教育の中に持ちこむことへの批判を、内容としている。

対比的な二つの「生き方」については、

→「自発的」（48行目）、「主体的」（55行目）、「おのずから」（61行目）と、

→「押しつける」（4行目）、「強制」（29行目）、「制度化」（49行目）、

→といった対立するキーワードを中心に説明していくべきであろう。

問六《趣旨合致問題》（やや難）

1（×）「それを外面化し、制度化し、公教育に結びつける可能性を、私は想像もしなかった」（49行目以下）に反する。

2（×）「それよりもきびしい家庭のしつけを重視するべきである」の部分は、本文中にこのような記述がなく、誤りである。

3（×）「現実認識は人間を自己中心的にしてしまう」の部分は、34行目以下と比較しても、このような記述がなく、誤りである。

4（×）「それは男女関係にしか当てはまらない狭いもの」の部分は、本文中にこのような記述はなく、誤りである。

5（○）58行目、61行目以下の記述より、本文に合致する

6（×）「『愛』から発していた」の部分は、本文中にこのような記述はなく、誤りである。

7（○）48〜53行目の記述より、本文に合致する。

8（×）「そこに誰しもが認める愛国心が表現されているからである」の部分は、本文中にこのような記述はなく、誤りである。

解答（合計点50点・合格点34点）（やや難）

問一（小計12点・各2点）**（標準）**

1 脈拍

2 むく

3 媒介

4 洞察

5 貢献

6 いかん

問二（小計6点・各2点）**（標準）**

ア 5

イ 1

ウ 3

問三（小計6点・各3点）**（やや難）**

P 6

Q 1

問四 不合理 （4点）**（やや難）**

問五（小計10点・各5点）**（やや難）**

A 成人の押しつけを受け、制度的に学び取る生き方。（23字）

B 経験から自ら直接感じ取る自発的で主体的な生き方。（24字）

問六 5・7 （小計12点・各6点）**（やや難）**

著者紹介

加藤周一（一九一九—二〇〇八）

評論家・小説家。東京都生まれ。東大医学部卒業。主な著書として、「文学とは何か」「抵抗の文学」「雑種文化」「羊の歌」「日本文学史序説」「言葉と人間」「日本文化における時間と空間」などがある。

10 中村雄二郎「臨床の知とは何か」

次の文章を読んで、後の問いに答えなさい。

身近な〈経験〉や日常的な〈実践〉が社会生活を送る上で欠かせないものであり、学問や知的活動をおこなう上でも基本的に必要なことは、誰《だれ》でも知っている。とりわけ、普遍性や客観性をA目玉にしてきたさまざまな理論が力と輝きを失ってきている今日では、人々の関心はあらためて経験や実践に向けられるようになった。

まことに経験や実践は、いろいろな意味で今日、検討と究明が焦眉《しょうび》の［Ⅰ］になっている。ところが、これらは、日常生活と結びついて、昔から人間にとって親しく身近なものであるのに、いやかえってそのためであろうか、いざその在り様を考えようとすると、曖昧なところが多く、捉《とら》えにくくて、B困惑させられてしまう。距離のとり方がうまくいかないのである。しかし、それらのこと、とくに距離がうまくとれないということは、経験や実践がそれだけ複雑に、また深く〈現実〉とかかわっているためではないだろうか。

では、経験や実践に対しては、どのように近づいていったらいいだろうか。まず、〈経験〉についていうと、大きな枠組みとしては、経験を、〈活動する身体〉をそなえた主体がおこなう他者との間の相互行為として、考えることである。ここで活動する身体というのは、在来の心身二元論の、精神と区別された物体として捉えられた身体のことではない。《精神とは活動する身体である》として捉えられた意味での身体＝精神のことである。そのような主体が他者との間でおこなう相互行為という基本的方向で、経験を考えていこう。

われわれ人間は誰でも、生きているかぎり、否応《いやおう》なしにこの世界のなかで、他者とくに他の人々とかかわりつつ、それぞれの具体的な生を営んでいく。個人の側から見れば、経験とはまず、そのようなわれわれ一人ひとりの具体的な生き方の諸側面あるいは総体のことである。そして、Cなにかを〈経験する〉とか〈経験を積む〉とかいうことばは、なんらの具体的な内容を示さなくとも、しばしば特別の重い意味をもっている。どうしてだろうか。それは、一つ一つの個々の経験からして、経験というものがわれわれ一人ひとりの生の全体性と深く結びついているからである。

ところで、経験の雛《ひな》［Ⅱ］というべきものを求めていくと、生活世界のなかで、われわれ一人ひとりがなにかの出来事に出会うことがまず考えられるだろう。けれども、ただなにかの出来事に出会ったからといって、Dそれがただちに、われわれ一人ひとりの生の全体性に結びついた経験になるわけではない。なにかのかなり重大な出来事に出会っても、ほとんどなにも刻印をわれわれのうちに残さないような経験、つまり内面化されることのない経験、Eうわの空の経験、疑似的な経験というものがある。このようなことは誰にも思い当たるところがあるはずである。

そのことを考慮にいれてモデルをつくりかえよう。すると、われわれ一人ひとりの経験が真にその［Ⅲ］に値するものになるのは、われわれがなにかの出来事に出会って、〈能動的に〉、〈身体をそなえた主体として〉、〈他者からの働きかけを受けとめながら〉、振舞うことだということになるだろう。

この三つの条件こそ、経験がわれわれ一人ひとりの生の全体性と結びついた真の経験になるための不可欠な要因である。これらの条件について考えてみると、まず、われわれの振舞いにまったく能動性がなければ、どんなに多くのことを見たり、聞いたり、したりしても、それだけではなんら経験にならない。或《あ》る出来事に出会っても、なにかほかのことに気を取られていたり、ひどく疲れていたり、［Ⅳ］が進まなかったりするとき、などによく起こることである。

　このように、まず能動的であることは、経験のもっとも基本的な要因である。しかし、もしもそれが、単にあたまだけの観念的な能動性にとどまるならば、その能動性は持続できないだけでなく、抽象的なものにとどまるだろう。人間は意識的でありつづけることはできない。ここで必要なのは、活動する身体によって支えられ、持続性を与えられた能動性である。たとえば、芝居を観《み》ることやスポーツを観戦することにしても、共感や応援などという、役者や選手との身体的な相互行為があるから、そこに他人事として見ている以上のことが成り立つのである。それはともかく、このようにして、第一の要因の〈能動的に〉は、第二の要因の〈身体をそなえた主体として〉に結びつき、具体化されるのである。

　しかしながら、身体の働きというのは、それだけに尽きない。というのは、われわれ人間は、F身体をそなえた主体として存在するとき、単に能動的ではありえない。むしろ、身体をもつために受動性を帯びざるをえず、パトス的・受苦的な存在にもなるからである。すなわち、能動的であると同時に他者からの働きかけを受ける受動的な存在であることになる。このようにパトス性を帯びることによって、われわれ一人ひとりは、現実がもたらすさまざまな障害のなかを、あちらこちらの壁に突き当たりながら生きていかざるをえないのである。それゆえ、第二の要因の〈身体をそなえた主体として〉は、第三の要因の〈他者からの働きかけを受けながら〉に結びつき、いっそう具体的なもの、現実と深くかかわったものになるのだ。

いいかえれば、われわれ一人ひとりにとって経験とは、ただなにかの出来事に出会うことでもなければ、ただ能動的に振舞えば足りることでもない。その際にどうしても欠かせないのは、身体をそなえた主体として、他者からの働きかけによる受動＝受苦にさらされるということである。X この受苦という苦い契機を欠くならば、せっかくのわれわれの能動性も、明快ではあっても抽象的なものにとどまり、空まわりするだけだろう。昔から、無為に生きることを指す〈 Y 〉ということばがあるが、ただ安楽にスイスイと過ごした日々よりも、なにかと苦労した日々の方が自己のうちにはっきりした痕跡《こんせき》を残し、くっきりした思い出になるのである。

（中村雄二郎氏の文章に基づく）

（注）○パトス—受動の意。

問一 傍線部Ａ・Ｅの意味として最もふさわしいものを、次のア〜オの中からそれぞれ一つずつ選べ。

Ａ　ア　批判の対象となるもの　　イ　中心となるもの　　ウ　あこがれとなるもの

エ　課題となるもの　　　オ　気を引くもの

E

ア　軽率で不用意な行いをするようす

イ　表面的で本質とは無関係であるさま

ウ　空想上の出来事に気持ちが向いているようす

エ　他のことに心を奪われ、集中していないさま

オ　身体と心のバランスが悪く、しっくりいかないようす

問二　空欄［Ⅰ］・［Ⅱ］・［Ⅲ］・［Ⅳ］に入るのに最もふさわしいものを、次のア〜クの中からそれぞれ一つずつ選べ。

ア　目　イ　気　ウ　意　エ　物　オ　形　カ　名　キ　急　ク　身

問三　傍線部Bの理由として最もふさわしいものを、次のア〜オの中から一つ選べ。

ア　経験や実践が社会生活をおくる上で欠かせないものだから

イ　経験や実践は普遍性や客観性とは相容《い》れないことだから

ウ　経験や実践を語ると、心と身体の距離を取ることが難しくなるから

エ　経験や実践は日常と深く結びついていて客観的に捉えにくいから

オ　経験や実践は個人的なもので普遍性とは対立することだから

問四　傍線部Cの理由として最もふさわしいものを、次のア〜オの中から一つ選べ。

ア　身近な経験が日常生活と深く複雑に結びついているため、その在り様を捉えようとすると誰もが難しさを感じるから

イ　経験は活動する身体としての精神が行うことであるため、在来の心身二元論の枠組みの中では理解しがたいことだから

ウ　人間は生きている限り、必ず何らかの出来事に出会うため、誰もが経験の重要性を活動する身体によって実感するから

エ　経験は具体的な生き方そのものであり、各人の生の全体性と深い結びつきがあることを誰もが理解しているから

オ　人は否応なしに、他者とかかわることになるので、出来事を相互行為という観点から理解することになるから

問五　傍線部Dの理由として最もふさわしいものを、次のア〜オの中から一つ選べ。

ア　日常生活では、活動する身体が能動的にかかわることが難しい出来事に出会うこともあるから

イ　誰しも疲労などの理由から、出くわした出来事に対して自ら積極的にかかわることをしない場合があるから

ウ　出来事を生の全体性と結びつけて経験とするために必要な、活動する身体を誰もが備えている

とは限らないから
エ　いくら能動的にかかわろうとしても、他者からの働きかけ次第で、それが不可能となり経験を内面化できない場合もあるから
オ　何か他のことに気を取られていて、出来事の本質を理解することができず、その経験を他者と分かち合えない場合もあるから

問六　傍線部Fの理由として最もふさわしいものを、次のア〜オの中から一つ選べ。
ア　活動する身体としての主体は、他者からの働きかけを具体的・現実的に受け止めて自らに刻みつけることになるから
イ　身体をそなえた主体は、能動性を持続させることができる一方で、現実の障害に出会うことを避けられないから
ウ　人が身体的な存在であるためには、積極的に困難な現実を受け入れることが条件となるから
エ　活動する身体は主体の能動性を持続させるために欠くことができないものであるから
オ　身体をそなえた主体として存在するとき、人は出来事を他人事として見る以上の深いかかわりを持つことができるから

問七　問題文の主旨に合致するものを、次のア〜オの中から一つ選べ。

ア　一人ひとりの具体的な生の諸側面であり総体である身体というものを可能にするのは、経験を内面化した主体に他ならない。
イ　活動する身体をそなえた主体同士が働きかけ合うことで生じる出来事が抽象的な経験に止まるのは、能動性が持続できないからである。
ウ　受苦としての他者からの働きかけにさらされながら積極的にかかわるとき、出来事はわれわれの生の全体性と深く結びついた経験となる。
エ　能動的であると同時にパトス的・受苦的な存在である身体を主体とするとき、初めてわれわれは経験に対して意識的になる。
オ　現実が与えるさまざまな障害を受け入れ、受け止める経験なくしては、活動する身体としての主体は生の全体性と結びつくことはない。

問八　傍線部Xの理由として最もふさわしいものを、次のア〜オの中から一つ選べ。
ア　主体としての身体が能動性を保ち続けるには、他者の働きかけに対する共感を欠くことができないから
イ　苦しみなく易々《やすやす》となしえたことは、われわれのうちになんの刻印も残さず、生の全体性に結びついたものにならないから
ウ　自らが受動的な存在でもあることを思い知る契機が失われると、活動する身体が主体として機

能しなくなるから
エ　苦しみを避けていては、身体はいつも同じ出来事の繰り返しの中で目先の快楽にとらわれてしまうから
オ　身体の受動的な側面に気づかないかぎり、出来事は一人ひとりの中で観念的な思い出にしかならないから

問九　空欄 Y に入るのに最もふさわしいものを、次のア〜オの中から一つ選べ。
ア　天衣無縫　イ　同床異夢　ウ　無病息災　エ　酔生夢死　オ　諸行無常

問十　問題文の内容に合致するものを次のア〜オの中から二つ選べ。
ア　精神も物体としてとらえる心身二元論では、活動する身体を理解できない。
イ　生の全体性と深く結びつく能動的な身体を持続させるのは、他者の働きかけである。
ウ　身近な経験や日常的な実践について検討することは今日の重要課題と言える。
エ　他者の行為も共感や応援などの身体的な相互行為を通じて他人事でなくなる。
オ　どんなに多くのことを見聞きしても、他者を介して客観的にとらえないと内面化できない。

（国学院大）

出典

中村雄二郎「臨床の知とは何か」〈Ⅱ　経験と技術＝アート　２　経験・実践と技術を顧みる〉の一節。

語句説明

心身二元論（13行目）……心と身体は、異質な二実体とするデカルトの説。近代は、**デカルト**の二元論を出発点にしてきた。

刻印（26行目）……印《しるし》を刻《きざ》みつけること。

疑似的《ぎじてき》（27行目）……よく似ていること。

観念的（38行目）……実際を無視する思考。

契機（55行目）……きっかけ。転機。

要約

普遍性や客観性を目玉にしてきたさまざまな理論が力を失ってきている今日では、人々の関心はあらためて経験や実践に向けられるようになった。経験や実践に対しては、どのように近づいていったらいいだろうか。われわれ一人ひとりの経験が真にその名に値するものになるのは、われわれがなにかの出来事に出会って、〈能動的に〉、〈身体をそなえた主体として〉、〈他者からの働きかけを受けとめながら〉、振舞うことだ。

本問の価値

中村雄二郎氏は哲学者であり、長年の間、群を抜いた入試頻出著者である。

そのうえ、中村氏の影響を強く受けたと思われる評論家・哲学者達の文章も、最近の入試でよく出題されていることを考えると、この文章はかなり価値が高いと言えるだろう。

「臨床の知」は中村氏の**メイン・テーマの一つ**なので、本問をよく復習しておくとよい。

解説

問一《選択問題》（標準）

A「目玉」（オ）は、眼球の意から転じて、「特に人目をひく事柄」を意味する。

問二《空欄補充問題》（標準）

Ⅰ「**焦眉**《しょうび》**の急**《きゅう》」とは「状況が切迫している」という意味。

Ⅱ「**雛形**《ひながた》」とは「①模型②様式。書式③見本」という意味を持つが、今回は③の意味。

Ⅲ「**名に値《あたい》する**」とは「その名にふさわしいものになる」という意味。

Ⅳ「**気が進まなかった**」とは「やる気がなかった」という意味。

問三《選択問題》(標準)

傍線部の直前に理由が述べられている。「身近なものである」(6行目)ため、「曖昧なところが多く、択えにく」いのである。従って、**エ**が正解となる。

← ア・イ・ウ・オは無関係である。

問四《選択問題》(標準)

傍線部の直後の二つの文に、理由が記述されている。**エ**が正解となる。

← ア・イは無関係である。
ウ・オは、エと比較して、間接的である。

問五《選択問題》(標準)

「われわれの振舞い……よく起ることである」(33〜36行)に理由が述べられている。**イ**が正解になる。

← アは間接的である。
ウ・エ・オは無関係である。

問六《選択問題》(やや難)

傍線部直後の二つの文に、理由が述べられている。**ア**が正解となる

← ウ・エ・オは無関係である。
イは、「身体をそなえた主体は、能動性を持続させることができる」の部分が、傍線部直後の「身体をもつために受動性を帯びざるをえず」に反し、誤りである。

問七《主旨合致問題》(やや難)

「主旨」とは「文章の中心となる内容」という意味である。

← ア(×)主旨とは言えない。

イ（×）「第一の要因」についての記述にすぎない。

ウ（○）「われわれ一人ひとりの……不可欠な要因である」（29～33行目）の内容と合致し、主旨といえる。

エ（×）本文の最終段落を受けた記述になっているが、**ウ**と比較すると、間接的である。

オ（×）「このように……えないのである」（47～49行）を受けた記述になっているが、**ウ**と比較すると、間接的である。

問八《選択問題》（標準）

傍線部直後の一文が理由になっている。イが正解となる。

←

ア（×）「他者の働きかけ……から」の部分が本文にこのような記述がなく、誤り。

ウ（×）「活動……から」の部分が極端で誤りとなる。

エ（×）「目先の快楽……から」の部分が本文にこのような記述がなく、誤り。

オ（×）「観念的な思い出」の部分が極端で誤りとなる。

問九《空欄補充問題》（標準）

「**酔生夢死**《すいせいむし》」（**エ**）とは、「何もしないで一生を終えること」という意味。

問十《内容合致問題》（やや難）

ア（×）「精神も物体としてとらえる」と「心身二元論」は結びつかない。

イ（×）「能動的な身体を持続させる」と「他者の働きかけ」は結びつかない。

ウ（○）第一段落に合致する。

エ（○）第七段落（「このように」（37行目以下）に合致する。

オ（×）「他者……内面化できない」の部分は、本文にこのような記述はなく、誤りである。

解答

（合計点50点・合格点34点）**（やや難）**

問一（小計4点・各2点）**（標準）**

A オ

E エ

問二（小計8点・各2点）**（標準）**

I キ

II オ

Ⅲ　カ

Ⅳ　イ

問三　エ　（4点）**（標準）**

問四　エ　（4点）**（標準）**

問五　イ　（4点）**（標準）**

問六　ア　（4点）**（やや難）**

問七　ウ　（6点）**（やや難）**

問八　イ　（4点）**（標準）**

問九　エ　（2点）**（標準）**

問十　ウ・エ　（小計10点・各5点）**（やや難）**

著者紹介

中村雄二郎（一九二五―）

哲学者・評論家。東京都生まれ。東大哲学科卒。主要著書に「哲学の現在」「術語集」「問題群」「感性の覚醒」「共通感覚論」「パスカルとその時代」「現代情念論」など。

11　川崎展宏「芭蕉の一句の今日的問題」

次の文を読んで、後の問いに答えよ。

古池や蛙《かわず》飛びこむ水のおと

俳句流行の今日、芭蕉の一句はあらたに問題を投げかけて来る。左は『虚子俳話』の一節。最晩年の虚子が到達した解である。

1チンセンしてゐた古池の水も温みそめ、そこに蛙が飛び込む。そのことは四時循環の一つの現はれである。天地躍動の様である。芭蕉はその事のうちに深い感動を覚えた。

子規も明治三十一年「古池の句の弁」で

芭蕉が蛙の上に活眼を開きたるは、即《すなわち》自然の上に活眼を開きたるなり

といったが「［A］」とまではいわなかった。子規は、俳句を新しい写実の場におこうとして、「古池や」の句を、ありのままに写すという「写生」の方法を2カイタクした基本的な句として評価したのである。

鎌倉から室町にかけて、［a］の貴族的美意識をよしとする連歌に対し、［b］をはじめ、成りあがった人々が好んだ滑稽《こっけい》の連歌を「俳諧《はいかい》の連歌」といい、やがて「俳諧」といったが、連歌も俳諧も五七五に七七で応じ、また連ねる形に変わりなく、単独の五七五は両者ともに発句といい、「俳諧」では、単独の発句も「俳諧」といった。

子規は「古池の句の弁」で、古池の句を解するには俳諧史の無味乾燥に耐える必要があると、連歌・俳諧の発句百七十余句を挙げて次のように説く。連歌の退屈を破って俳諧の開祖といわれた戦国の宗鑑・守武の滑稽は［c］・浅薄、徳川治下の世に、まず栄えた貞門派の滑稽は退屈、つづく宗因らの談林派は俳諧に［d］を注入したが、つまりは言語の［e］を離れなかったといい、俳諧は芭蕉の出るころから次第に滑稽を脱し、蛙の句に至って、ようやく自然の上に活眼を開いた、というのである。

子規の「写生」は、滑稽を［f］することで俳句を近代へ出発させようとする方法であった。子規自身、十分「滑稽」を備えた俳人であったのに。なんと子規の最期の句は、命とひきかえの滑稽の句である。

糸瓜《へちま》咲て痰《たん》のつまりし仏かな

糸瓜の水は痰を切るといわれるが、その糸瓜の花の下で、自分はもう痰のつまった仏さんよ、と。

だが、子規の写生から虚子の写生へ、これが近代俳句の方法の大道であった。虚子は、あえて「客観写生」という。春夏秋冬、天地の運行によって現れ来るものが虚子の「客観」である。

咲き満ちてこぼるゝ花もなかりけり

白牡丹《はくぼたん》といふといへども紅《こう》ほのか

の「花」も「白牡丹」も、ふうっと心の視界を覆うように大きい。(I)造化の現れというべきか。虚子もまた滑稽の要素は十分備えた俳人であった。より微妙なかたちで。

此山《このやま》に住みける鳥、獣、蛇

その山への、鳥、獣、蛇への挨拶《あいさつ》。読後、心に微笑がわかないか。

微笑といえば、芭蕉の蛙の句にも微笑を誘う何かがある。 B 以来、声よく歌うもの、ひいては和歌をよむもの、などとされてきた蛙を、芭蕉は古池に飛びこませた。Ⅱ「古池」こそ新しかった。蛙は山吹と取り合わせるとよいとされて来たのだから。其角も初五を山吹ではと進言したという。芭蕉の句は「水のおと」でおわる。余韻……。一句の新しさは、弟子たちには暗黙のうちにわかっていただろうが、最近の研究がそれらをあきらかにしたのだった。

古典的な美意識の呪縛《じゅばく》を解かれて、古池に飛びこむ蛙には、びっくりするような愛敬があって、「水の音」で、やったと思わず笑みがうかぶ。

土芳は「草にあれたる中より蛙のはいる響に俳諧をきゝ付けたり」といったが、ここにいう「俳諧」の新しさを、私は前述のように解したい。

近代俳句の写生の大道は滑稽を3ソガイして来た。Ⅲだが子規が近代にひろめた「俳句」の名称が「俳諧の発句」の意とすれば、芭蕉の蛙の句の真意に照らし、俳句に俳諧を取りもどすべきではないか。写生の成果を十分に踏まえながら。写生の方法での新しい作が望めないとはいわない。が、大きな季語には、すでに写生の名吟・秀吟がひしめき、季語によっては、新しい写生の道はほとんど閉ざされている、といっても過言ではあるまい。

問一　文中の A に入るもっとも適当な七字以内の語句を、本文中から抜き出して記せ。

問二　傍線部Ⅰについて、その説明としてもっとも適当な文を選び、その最初と最後の四字ずつを記せ。

問三　文中の B には「古典的な美意識」を形成した作品の名が入る。次の中からもっとも適当なものを選べ。

イ　古事記　ロ　万葉集　ハ　枕草子　ニ　古今集　ホ　更級日記　ヘ　和漢朗詠集

問四　文中の a ～ f に入るもっとも適当なものを、それぞれ次の中から選べ。

a　イ　古代歌謡　ロ　中古小説　ハ　万葉和歌　ニ　王朝和歌　ホ　上代漢詩
b　イ　貴族　ロ　僧侶　ハ　武士　ニ　王族　ホ　庶民
c　イ　安易　ロ　流麗　ハ　粗末　ニ　暢達　ホ　野卑
d　イ　活気　ロ　悲愴　ハ　恬淡　ニ　猥雑　ホ　孤独
e　イ　冗舌　ロ　遊戯　ハ　論理　ニ　比喩　ホ　見立
f　イ　導入　ロ　洗練　ハ　区分　ニ　形象　ホ　排除

問五　傍線部Ⅱは、どういうことか。次のうちからもっとも適当なものを選べ。

イ　「古池」は、古くてもさまざまなものを含みこんでいるから、「温故知新」のように新しくなる。
ロ　「古池」でも、俳句の詠みようによっては、新しい池のように飾りたてて詠むことができる。
ハ　「古池」といっても、それは汲めどもつきせぬ泉のような新鮮さが出てくるものだ。
ニ　「古池」というが、蛙と取り合わせると、その取り合わせが新しいものとして生き生きとしてくる。
ホ　「古池」は、単なる素材としてあり、蛙によって新しい詩としてのエネルギーが出てくる。

問六　傍線部Ⅲは、どういうことを主張したいのか。次のうちから正しいものを選べ。
イ　写生には限界があるから、笑いを大いに復活させるべきである。笑いが何といっても俳句には一番重要で不可欠な要素である。
ロ　俳諧は、もともと滑稽という要素を含んでいるから、そうした滑稽＝笑いの要素を、写生を考慮しながら俳句にとり入れ、その領域を拡げる必要がある。
ハ　あまり写生写生といって、俳諧本来のもつ滑稽の要素を見失っておりはしないか。笑いが生命なのだから、もっぱら笑いを中心にして、写生はその中に入れる程度でよい。
ニ　俳諧は、滑稽を主としており、芭蕉は貞門や談林の滑稽を脱してきた。俳句にとって滑稽を超越した写生こそが大切である。俳諧もそこで生きることができる。
ホ　俳諧には、もともと滑稽という要素があるのだから、俳句もそれを重んずべきである。写生はもうほとんど限界にきているから、考えなくてもよいのではないか。

問七　傍線部1～3のカタカナの部分を漢字に直せ（漢字は楷書で大きくきちんと書くこと）。

（早稲田大（文））

出典

川崎展宏「芭蕉の一句の今日的問題」（『朝日新聞』一九九六年三月二九日夕刊）

語句説明

四時《しじ》（4行目）……四季。
活眼《かつがん》（7行目）……物事の本質を見抜く眼。
浅薄《せんぱく》（17行目）……考えが浅い様子。**軽薄**《けいはく》。
呪縛《じゅばく》（38行目）……束縛。制限。
愛敬《あいきょう》（38行目）……かわいらしいこと。**愛嬌**《あいきょう》。

要約

近代俳句の写生の大道は滑稽を疎外して来た。だが、子規が近代にひろめた「俳句」の名称が「俳諧の発句」の意とすれば、芭蕉の蛙の句の真意に照らし、俳句に俳諧を取りもどすべきではないか。写生の成果を十分に踏まえながら。

本問の価値

例年、難関大入試における芸術論の出題率は、約一割だが、詩歌（詩・短歌・俳句）論の占める割合は大きい。最近では、短歌・俳句が世界的に流行していることも背景にあるのだろう。

日本で暮らしていると、よくわからないが、日本ほど詩歌が生活の隅々にまで浸透している国はないのである。詩歌を小学校、中学校、高校で教え、実作している日本のような国は少ないらしい。

それゆえであろうか。入試でも、詩歌論が文学部に限らず、その他の学部でも、よく出題されている。

本問においては、本文に述べられている**俳句の背景、奥深さ、味わい**を、しっかり読み取るようにするとよいであろう。

その際は、ある程度の共感を持って読み進めていくと、理解が深まるはずである。

ここでも、「素直さ」は不可欠といえる。

解説

問一《空欄補充・抜き出し問題》（やや難）

[A]には「　」が付されていることに注目すべきである。

←

芭蕉の句の解釈として、虚子が指摘していて、子規が指摘していない点は何か、を考える。「七字以内の語句」をヒントにする。

↓

「**天地躍動の様**」（5行目）が正解となる。

問二《抜き出し問題》（難）

第一に「**造化**《ぞうか》」の意味を押さえる。

「**造化**」とは「①造物主。神。②神の作った天地自然」という意味である。

↓

「春夏秋冬……というべきか」（26〜29行）が「説明↓その具体例（二句）↓その説明」という、一つの内容を形成していることを読み取る。

↓

「造化の現れ」は「春夏秋冬……現れ来るもの」と同内容になっている。

問三《選択問題・文学史》（やや難）

↓

「『古典的な美意識』を形成した作品」がヒントになる。

B の直後の「声よく……蛙《かはづ》」は「**古今集**」の「仮名序」の「花に鳴く鶯《うぐひす》、水に住む蛙の声を聞けば、生きとし生けるもの、いづれか歌をよまざりける」（↓花に鳴く鶯、水に住む蛙の声を聞くと、あらゆる生きものは、どれが歌をよまなかっただろうか。（いや、よまないものなど、ありはしない。））を意識している。

問四《空欄補充問題》（やや難）

a

直後の「貴族的美意識」に注目する。

「**王朝和歌**」（**二**）が入る。

b

直後の「をはじめ」、成りあがった（↓急に高い身分になったり、金持ちになること）」に着目する。

↓

「をはじめ」とあるので、代表するものを入れる。「**武士**」（**ハ**）が正解。「庶民」（ホ）では、代表するものとは言えない。

c
直後の「浅薄」と同類のものを入れる。「**野卑**」（**ホ**）が正解となる。「**野卑**《やひ》」とは「下品で、いやしいこと。**下劣**《げれつ》」という意味である。

←
「安易」（イ）、「粗末」（ハ）では、「浅薄」と比較して、マイナスのニュアンスが弱い。

d
直後の「注入」に最もよく対応する「**活気**」（**イ**）を入れる。

e
直後の「離れなかった」という否定のニュアンスに注目して、「**遊戯**」（**ロ**）を入れる。「言語の遊戯」とは「しゃれ、なぞなぞ等のことば遊び」を意味する。

f
「子規自身、十分『滑稽』を備えた俳人であったのに」（直後の一文）、「近代俳句の写生の大道は滑稽を疎外して来た」（42行目）、より、「**排除**」（**ホ**）を入れる。

問五《選択問題》（標準）
傍線部を含む段落が、傍線部の説明となっていることを読み取る。

←
特に重要なのは、直後の一文である。↓「蛙は山吹と取り合わせるとよいとされて来たのだから」

問六《選択問題》（やや難）
傍線部が「俳諧」（＝滑稽の要素）、「写生」をともに重視しているを読み取る。**ロ**が正解となる。

←
他の選択肢は、どちらか一方を、より重視した説明になっているので、不適当である。

解答
（合計点50点・合格点34点）（**やや難**）

問一　天地躍動の様（5字）（6点）（**やや難**）

問二　春夏秋冬……である。（6点）（**難**）

問三　ニ（5点）（やや難）
問四（小計12点・各2点）（やや難）
a　ニ
b　ハ
c　ホ
d　イ
e　ロ
f　ホ
問五　ニ（6点）（標準）
問六　ロ（9点）（やや難）

問七（小計6点・各2点）（標準）
1　沈潜
2　開拓
3　疎外

著者紹介

川崎展宏《てんこう》（一九二七―二〇〇九）

俳人。本名展宏《のぶひろ》。広島県生まれ。東大国文科卒業。句集に「葛《くず》の葉」「義仲《よしなか》」「観音」、評論集に「高浜虚子《きょし》」「虚子から虚子へ」等がある。

12 正岡 子規「句合の月」

次の文を読んで、あとの問いに答えよ。

句合《くあわせ》の題がまわって来た。先ず一番に 1 月という題がある。凡《およ》そ四季の題で月というほど広い漠然とした題はない。花や雪の比でない。今夜は少し熱があるかして苦しいようだから、横に寝て句合の句を作ろうと思うて蒲団を被って験温器を脇に挟みながら月の句を考えはじめた。判者が外の人であったら、初めから、かぐや姫とつれだって月宮に昇るとか、或いは人も家もなき深山の絶頂に突っ立って、乱れ髪を風に吹かせながら月を眺めていたというような、凄い趣向を考えたかも知れぬが、判者が碧梧桐というのだから先ず空想を斥《しりぞ》けて、なるべく写実にやろうと考えた。

先ず最初に胸に浮かんだ趣向は、月明の夜に森に沿うた小道の、一方は野が開いているという処を歩《あ》行《る》いている処であった。写実写実と思うているのでこんな平凡な場所を描き出したのであろう。けれども景色が余り広いと写実に遠ざかるから今少し狭く細かく写そうと思うて、月が木の葉がくれにちらちらしている所、即ち作者は森の影を踏んでちらちらする葉隠れの月を右に見ながら、いくら往っても往っても月は葉隠れになったままであって自分の顔をかっと照らす事はない、という、こういう趣きを考えたが、 2 句にならぬ、そこで急に我家へ帰った。自分の内の庭には椎の樹があって、それへ月が隠れて葉ごしにちらちらする景色はいつも見ているから、これにしようと思うて、「 A 」とやって見た、二度吟じて見るとどんでもない句だから、それを見捨てて、再び前の森ぞい小道に立ち戻った。今度は葉隠れをやめて、森の木の影の微風に揺らるる上を踏んで行くという趣向を考えたが、遂に句にならぬので、とうとう森の中の小道へ這入《はい》り込んだ。そうすると杉の枝が天を蔽うているので、月の光は点のように外に漏れぬから、暗い道ではあるが、忽《たちま》ち杉の木の隙間があって畳一枚ほど明るく照っている。こんな考えから「　B　」とやったが、余り平凡なのに自ら驚いて、三たび森沿い小道に出て来た。此度は田舎祭の帰りのような心持ちがした。もぶり鮓《ずし》の竹皮包みを手拭にてしばりたるがまさに抜け落ちんとするを平気にて提げ、大分酔がまわったという見えで千鳥足おぼつかなく、例の通り木の影を踏んで歩行いている。左側を見渡すと限りもなく広い田の稲は黄色に実りて月が明るく照らしているから、静かな中に稲穂が少しばかり揺れているのも見えるようだ。いい感じがした。しかし考えが広くなって、つかまえ処がないから、句になろうともせぬ。今は思いきって森を離れて水辺に行く事にした。

　海のような広い川の川口に近き処を描き出した。見た事はないが揚子江であろうと思うような処であった。その広い川に小舟が一艘浮いている。[3]勿論月夜の景で、波は月に映じてきらきらとしている。昼のように明るい。それで遠くにいる小舟まで見えるので、さてその小舟が段々遠ざかって終《つい》に見えなくなったという事を句にしようと思うたが出来ぬ。しかしまだ小舟はなくならんので、ふわふわと浮いている様が見える。天上の舟の如しという趣きがある。けれども天上の舟というような理想的の形容は写実には[4]禁物だから外の事を考えたがとかくその感じが離れぬ。やがて「　C　」と出来た。これが(後で見るとひどい句であるけれど)その時はいくらか句になっているように思われて、満足はしないが、これに定《き》めようかとも思うた。実は考えくたびれたのだ。が、思うて見ると、先日の会に月という題があって、考えもしないで「　D　」という句が出来た。素人臭い句ではあるが前の句よりは善いようだ。これほど考えて見ながら運坐の句よりも悪いとは余り残念だからまた考えはじめた。此時験温器を挟んでいる事を思い出したから、出して見たが三十八度しかなかった。

今度は川の岸の高楼に上った。遥かに川面を見渡すと前岸は模糊として煙のようだ。あるともないとも分からぬ。燈火が一点見える。あれが前岸の家かも知れぬ。汐は満ちきりて溢るるばかりだ。忽ち《たちま》一艘の小舟（また小舟が出た）が前岸の蘆花の間より現れて来た。すると宋江が潯陽江を渡る一段を思い出した。これは去年病中に水滸伝を読んだ時に、こんな景色が俳句になったら面白かろうと思うた事があるので、川の景色の連想から、「只見蘆葦叢中、悄々地、忽然揺出一隻船来」を描き出したのだ。それから船頭が、板刀麺《ばんとうめん》が喰いたいか、饂飩《うんどん》が喰いたいか、などと分からぬことをいうて宋江を嚇《おど》す処へ行きかけたが、何だか出来そうにもないので、またもとの水楼へもどった。

水楼へはもどったが、まだ水滸伝が離れぬ。宋江が壁に詩を題する処を連想した。それも句にならぬので、題詩から離別の宴を連想した。離筵《りえん》となると最早唐人ではなくて、日本人の書生が友達を送る処に変わった。剣舞を出しても見たが句にならぬ。とかくする内に「海楼に別れを惜む月夜かな」と出来た。これにしようと、きめても見た。しかし落ちつかぬ。平凡といえば平凡だ。海楼が利かぬと思えば利かぬ。家の内だから月夜に利かぬ者とすれば家の外へ持って行けば善い。「桟橋に別れを惜む月夜かな」と直した。此時は神戸の景色であった。どうも落ちつかぬ。横浜のイギリス埠頭場へ持って来て、洋行を送る処にして見た。やはり落ちつかぬ。月夜の沖遠く外国船がかかって居る景色を一寸《ちよつと》考えたが、また桟橋にもどった。桟橋の句が落ちつかぬのは余り淡白過ぎるのだから、今少し彩色を入れたら善かろうと思うて、男と女と桟橋で別れを惜しむ処を考えた。女は男にくっついて立っている。黙って一語を発せぬ胸の内は言うに言われぬ苦しみがあるらしい。男も悄然としている。人知れず力を入れて手を握った。直ぐに艀《はしけ》舟に乗った。女は身動きもせず立っていた。こんな連想が起こったので、「桟橋に別れを惜む夫婦かな」とやったが、［5］がなかった。今度は故郷の三津を想像して、波打ち際で、別れを惜しむことにしようと思うたがそれもいえず。遂に「　E　」という句が出来たのである。誠に振るわぬ句であるけれど、その代わり大疵《たいし》もないように思うて、これに極《き》めた。

今まで一句を作るのにこんなに長く考えた事はなかった。余り考えては善い句は出来まいが、しかしこれがよほど修行になるような心持ちがする。この後も閒《ひま》があったらこういうように考えて見たいと思う。

（注）「只見蘆葦叢中、悄々地、忽然揺出一隻船来」…本文の「忽ち一艘の小舟が前岸の蘆花の間より現れてた」に相当する『水滸伝』の原文。

問一　句合とは、同じ題の俳句を左右に対比して、判者がその優劣を判定することをいう。傍線部1の題「月」は、いつの季節の季語か、次のイ～ホの中から選べ。

イ　春　　ロ　夏　　ハ　秋　　ニ　冬　　ホ　新年

問二 空欄 2 に入る最も適当なものを、次のイ〜ニの中から選べ。

イ 距離が遠過ぎて　ロ 情景が暗過ぎて　ハ 時間が長過ぎて　ニ 趣向が平凡過ぎて

問三 問題文中の「 A 」〜「 E 」に入る俳句を、それぞれ次のイ〜への中から選べ。ただし選択肢には、ここには入らない句が一句含まれている。

イ 鎌倉や畠の上の月一つ　ロ 酒載せてただよう舟の月見かな

ハ ところどころ月漏る杉の小道かな　ニ 葉隠れの月の光や粉砕す

ホ 見送るや酔のさめたる舟の月　へ 名月や池をめぐりて夜もすがら

問四 傍線部3・4の読みをひらがなで書け。

問五 空欄 5 には、問題文中の漢字一字の語が入る。楷書で正確に書け。

問六 問題文からうかがえる筆者の俳句観として最も適当なものを、次のイ〜ホの中から選べ。

イ 俳句はあくまで実を描くものなので、空想や理想を交えるべきではない。

ロ 俳句は対象を凝視して、客観的で生き生きと描きだすことに努めるべきだ。

ハ 俳句は近代の小説に匹敵するような感情表現と、物語性の獲得をめざすべきだ。

ニ 俳句は世俗的な文芸とはいえ、古典文学や漢詩などの教養は不可欠のものだ。
ホ 俳句は平易な言葉を用いて、庶民の生活を活写することに徹するべきだ。

問七 問題文（原文を一部改変している）の筆者は、俳句・短歌の革新者として知られる明治の文学者である。この筆者について、次の問いに答えよ。
1 この筆者は誰か。楷書で正確に書け。（例・森鷗外）。
2 この筆者の作品を次のイ～ホの中から一つ選べ。
イ 赤光　ロ 墨汁一滴　ハ みだれ髪　ニ 海潮音　ホ 若菜集

（早稲田大（政経））

出典

正岡子規「句合の月」のほぼ全文。

語句説明

趣向（5行目）……工夫。やり方。
蔽《おお》う（16行目）……**覆《おお》う**。**被《おお》う**。
運坐《うんざ》（33行目）……運座。一同が一定の題で句を作り、優れた句を互選する会。
模糊《もこ》（35行目）……ぼんやりしている様子。
離筵《りえん》（43行目）……離宴。別離の宴。
埠頭《ふとう》（47行目）……波止場《はとば》。船着き場。桟橋《さんばし》。
悄然《しょうぜん》（51行目）……しょんぼり。ひっそり。
大疵《たいし》（55行目）……大きな欠点。大きな傷。

要旨

月という句合の題をめぐって、一句を編み出すまでの過程を述べた文章である。
まず、空想を斥け、なるべく写実にやろうと考え、胸に浮ぶ趣向を句にしようと考えはじめる。次々と考えつく趣向も句にならない。離別の宴を連想したことから、別れを惜しむ場合をいろいろ考える。ついに、誠に振わないが、大疵もないと思われる一句にきめた。「余り考えては善い句は出来まいが、しかしこれがよほど修行になるような心持ちがする」と、筆者は述べる。

本問の価値

正岡子規は文学史上の人物であるが、子規の俳句論・歌論も難関大の入試によく出題されている。最近では、上智大（経済）、同志社大（文）、成城大（経済）、奈良女子大などで出題されている。
気をつけるべきことは、子規の提唱する**「写生」**の本質である。
辞書的意味における「写生」とは、「風景や人物などを見た通りに書くこと」であるが、子規の「写生」はこれとは少々違う。
そこに留意して、本文をしっかりと読み取るようにするとよいであろう。

解説

問一《選択問題》（標準）
季語についての基本的な問題である。

問二《空欄補充問題》(やや難)

直前の「いくら往っても往っても月は葉隠れになったままであって自分の顔をかっと照らす事はない」に着目して、「**時間が長過ぎて**」(**ハ**)を入れる。

←「景色が余り広いと写実に遠ざかるから今少し狭く細かく写そうと思うて」(9行目)より、「距離が遠過ぎて」(イ)は不適当である。

問三《空欄補充問題》(やや難)

A

直前の「月が隠れて葉ごしにちらちらする景色」に注目して、「**葉隠れの月の光や粉砕す**」(**ニ**)を入れる。

B

直前の「杉の木の隙間があって畳一枚ほど明るく照っている」に着目して、「**ところどころ月漏る杉の小道かな**」(**ハ**)を入れる。

C

「大分酔がまわった」(20行目)、「月夜の景」(25行目)、「天上の舟」(28行目)、に注目して、「**酒載せてただよう舟の月見かな**」(**ロ**)を入れる。

D

直後の「素人臭い句」に着目して、「**鎌倉や畠の上の月一つ**」(**イ**)を入れる。

←消去法によりEを決定してから、Dを決定するという方法でもよい。なお、**ヘ**は松尾芭蕉の句である。

E

この段落では、一貫して離別の情景を意識しているので、「**見送るや酔のさめたる舟の月**」(**ホ**)を入れる。

問五《空欄補充問題》(標準)

俳句には「季語」が必要である。

問六《趣旨合致問題》(やや難)

設問文の「問題文からうかがえる」の部分に注意する

必要がある。

←

イ（×）「空想」「を交えるべきではない」の部分が、「判者が外の人であったら……凄い趣向を考えたかも知れぬ」（3〜5行）に反しているので、誤り。

←

ロ（○）考えを巡らせつつも、常に「写実」を心がけている著者の姿勢を読み取れれば、これが正解となる。

←

直接的な記述としては、
「写実写実と思うている」（8行目）、
「景色が余り広いと写実に遠ざかる」（9行目）、
「理想的な形容は写実には禁物だから外の事を考えた」（28行目以下）に注目する。

←

ハ（×）本文には、これに関する記述はないので、誤りである。

ニ（×）「俳句は世俗的な文芸」としている記述は本文にはないので、誤りである。

ホ（×）「庶民の生活を活写することに徹するべきだ」との記述は本文にはないので、誤りである。

問七《記述問題・選択問題》（標準）

1 設問文の「俳句・短歌の革新者」「明治の文学者」、本文の「碧梧桐」（5行目）、「写実」（6行目）がヒントになる。

「碧梧桐」→河東碧梧桐《かわひがしへきごとう》。子規門下の俳人。

2 子規の著書として、「歌よみに与ふる書」**「墨汁《ぼくじゅう》一滴」（ロ）**、「仰臥《ぎょうが》漫録」「病牀《びょうしょう》六尺」、俳誌として「ホトトギス」を覚えておくべきであろう。

←

イ（×）「赤光《しゃっこう》」は斎藤茂吉の歌集。

ハ（×）「みだれ髪」は与謝野晶子の歌集。

ニ（×）「海潮音」は上田敏の訳詩集。

ホ（×）「若菜集」は島崎藤村の詩集。

解答

（合計点50点・合格点34点）**（やや難）**

問一 ハ（3点）**（標準）**

問二 ハ（5点）**（やや難）**

問三（小計15点・各3点）**（やや難）**

A　ニ

B　ハ

C　ロ

D　イ

E　ホ

問四（小計6点・各3点）**（標準）**

3　もちろん

4　きんもつ

問五　月　（4点）**（標準）**

問六　ロ　（10点）**（やや難）**

問七（小計7点・1は4点・2は3点）**（標準）**

1　正岡子規

2　ロ

著者紹介

正岡子規（一八六七―一九〇二）

俳人・歌人。愛媛県松山市生まれ。東大国文科に入学。新聞「日本」・俳誌「ホトトギス」において、写生による新しい俳句を提唱。「歌よみに与ふる書」を発表し、万葉調を重視するとともに、写生にも言及した。また、「根岸短歌会」を主宰した。一方、写生文による文章革新を試みるなど、近代文学史上の特異な存在といえる。

13 高村光太郎「彫刻の面白味」

次の文を読んで、あとの問いに答えよ。

一体、彫刻というものは一般には解りにくいものである。絵画や音楽ほどの表面の魔力に欠けている様に見られている。人の官能を刺激する要素が至極簡単であって、絵画が七彩の変化により、音楽が七音の紛糾によって神経に快い燃焼を起こさせるのに反して、彫刻はただ[A]があるばかりである。従って単調の感がある。これは仕方がないのである。ほかの事を考えながらでも、絵画や音楽にはある刺激をうける。しかるに、彫刻を味わおうとするには真に心を傾けてかからねばならぬ。1予め感応するつもりで催眠術の椅子に腰をかける人の心を持たねばならぬ。信じ切ってかからねばならぬ。でなければ、如何なる名作の前に立ってもすべて石塊《いしころ》や金糞《かなくそ》の堆積にほかならぬものとなってしまう。如何なる名作にも驚かぬのは、[B]に驚かぬ猫の様なものである。あまり面白い事ではない。人間が活きている以上は寸毫《すんごう》でも多く人生の興味をあらゆる方面から味わい、出来るだけ豊富な有り余った内面生活を営みたいと思うのは、遠く埃及《エジプト》時代からの人間の欲望である。従ってこの猫の様にはなりたくない。世間には、彫刻の面白味を解せず、といってむしろ彫刻に対する侮蔑の意を漏らす人がよくあるものであるが、物を味わう力の足りないこれらの人の内面生活の涸寒《こかん》さを思うと情けなくなるものである。骨の硬くなった日本の中老人にこの種の人が多いが、年の若い今日の人等をしてCゆめその跡を踏ましめたくないと思っている。

彫刻というものは実に不思議なものである。人間の理解力を最も大胆に[2]愚弄するものである。絵画が平面に立体を出さしめ、無中に有を生ぜしめるのは、一の錯覚を利器とするにほかならぬ。音楽が刹那刹那の夢の連続で人を酔わしめるのは、人の情緒の波動に力負けをさせる。欺瞞《ぎまん》の技巧が余り巧緻に過ぎて不思議の感を起こさしめるに至らない。ひとり彫刻に至っては、「D」という不思議な日本語で形容するよりほか形容のしかたに困るほどのものである。彫刻は何の欺瞞をも計らない。立体的のものを立体的に作っている。また錯覚をも絵画ほど有機的には利用しない。せめて眼球の光りを作るに却って反対にこれを刳《く》りぬくという様な初歩な手品をする人がある位のものである。それ程無器用で人間の狡猾《こうかつ》性を離れたものでありながら、最も思い切りよく自然の色彩の感覚を無視している。忘れたのではないかと思わせるほど平気でこの不思議な仕事を敢えてしている。この有機的な自然の中から、かくも無神経に、何の賠償もなしに、「線」の調律ばかりを抽《ひ》き出して来る人間の能力はほかに一寸《ちょっと》類がない。

そこで、彫刻は最も原始的のもので、やがて絶滅すべきものだ、などと地球の運転を心配する様な人が判断する事もある。しかるに、彫刻の面白味というものは、この原始的で、大道手品の様に無器用で、あからさまな、大胆な、少し智慧の足らない様な、図々しい所に生命があるのである。この点を認めて彫刻に向かわなければ彫刻の立つ瀬はなくなってしまう。否、見る人の立つ瀬がなくなってしまうのである。彫刻に向かって絵画や音楽に求める様な表面の複雑な情調や官能の生理的跳躍の快さを求めるのは無理である。[E]彫刻はもっと灰汁《あく》が抜けているのである。原始的であると同時に、というよりはむしろ原始的であるから、最も進んだ現代人の心の奥の叫び声と共鳴する唯一の芸術である。現代人の心は中世期を踏台にして遠くハイエログリフ文字の活用されていた時代と相呼応している。最も文明の進んだ、最も物の解った仏蘭西《フランス》の芸術の中に、ロダンの彫刻あって現代人を魔酔し去っているのは、彫刻のこの性質を最もよく説明しているのである。一見不自由の様に見えた彫刻の訥《とつ》弁も、現代の核に突き入ると案外な雄弁に化するのである。冷淡に構えている人にとっては彫刻はあくまで冷やかである。一旦自分を打ち込んだらこれ程心を蕩《とろ》かすものはない。F彫刻というものと朋友の交を持続する事の出来たのは昔の人の事だ。「あかの他人か、情人か。」彫刻の権威と魔力とはこう直截《ちょくせつ》に叫ぶのである。

比較という冷やかな尺度や、錯覚というおめでたい眼鏡を手にして彫刻に向かう位なら、彫刻は見ぬ方がいい。石の人間や銅《あかがね》の人間は余り自然と遠ざかり過ぎている。眼に見た自然を彫刻に見ようとするのは諦めねばならぬ。仏蘭西の文学家ユイスマンスが蝋人形を彫刻に輸入しようとした考えの甚だしく偏しているのはその後の彫刻界の事実が立派に証明している所である。彫刻家が裸体を好んで作るのも此所《ここ》に根があるのである。色彩と触感との最も複雑した今日の人間の服装などを彫刻で再現しようなどとするのは、無駄な努力を費やす事になるからである。その上、人間の裸体の不思議なあからさまの感じが、その色彩を失って、彫刻の原始的な面白味とぴたりと合うからである。自然と遠ざかり過ぎている石の人間や銅《あかがね》の人間や木の人間を見ての興味は、自然の再現についての興味でなくして、自然の魂を幻に見る興味である。自然の気息《いき》を直ちに耳に聞く興味である。自然の脈拍を遽然《きょぜん》として指に触るる興味である。この時、形の再現という意味は少しも伴っておらぬ。「 G 」というと、ほとんど意を成さぬ考えの様だが、彫刻は実にこの不思議な理屈を雑作もなく実現させるのである。よく幽霊に抱かれたという人がある。形も見えぬ、色も見えぬ、煙の様なものが来て体を包むと思うと、突然胸に烈しい鼓動を覚えるという話である。彫刻の人に与える感じは恰度《ちょうど》この突然胸に烈しい鼓動を覚える感じである。その形は一種の記号的な原始の姿でいながら、人に加える刺激は不思議な衝心の威力をもっている。物の魂を抽《ぬ》き取って来て、前後の考えなしに、何の装飾もなしに、人の眼前に放擲《ほうてき》した様なものである。だから、自然の形の再現でないという事をよく承知して置かねばならない。爪の形状を問い、腕の太さを尋ねるのは末の末の話である。

（注）「ハイエログリフ」…ヒエログリフ（古代エジプトの象形文字）。
「遽然」…あわただしいこと。ここでは、なまなましく、の意味を含む。

問一 傍線部1・2の読みをひらがなで書け。

問二 空欄 A に入る最も適当なものを、次のイ～ニの中から選べ。

イ 空間を劃《かぎ》る輪廓の線の波動　　ロ 時間を截断《せつだん》した刹那の物の表情

ハ 自然を欺《あざむ》く巧緻な形の技巧　　ニ 立体を彫琢《ちょうたく》する単調な面の連続

問三 空欄［B］には、慣用的な言い回しを踏まえた漢字二字の語が入る。楷書で正確に書け。

問四 傍線部C「ゆめ」の品詞は何か。次のイ～ホの中から選べ。

イ 名詞　ロ 動詞　ハ 形容詞　ニ 副詞　ホ 助詞

問五 空欄［D］には、問題文中にある四字の形容詞が入る。正確に書け。

問六 傍線部Eはどのようなことを意味しているか、最も適当なものを、次のイ～ニの中から選べ。

イ 彫刻は、泥臭く原始的な芸術とみられているが、実は絵画や音楽より、ずっと洗練された芸術であるということ。

ロ 彫刻は、絵画の複雑な情調や音楽の生理的躍動感が濾過された、静かで透明な上澄みのような芸術であるということ。

ハ 彫刻は、表面の情調や官能の快さに訴える絵画や音楽と違って、直接に人の核心に働きかける芸術であるということ。

ニ 彫刻が、人によって好悪の分かれる絵画や音楽と異なり、万人に理解されて誰の心にも訴える芸術であるということ。

問七　傍線部Fはなぜそのようにいえるのか、その理由として最も適当なものを、次のイ〜ニの中から選べ。

イ　昔の人にとって彫刻は信仰の対象であり、朋友に対するような親しみと敬意をもって接するのが常だったから。

ロ　昔の人のほうが彫刻に全身全霊で打ち込み、朋友と対話するように、その語りかける声に耳を傾けることができたから。

ハ　現代人は、孤独のなかで彫刻と厳しく向き合うので、どんな朋友もその間に介在することができないから。

ニ　現代人に対して彫刻は、通り一遍の関与を許さないので、朋友に対するような穏やかさで対座することができないから。

問八　空欄 G に入る語句として最も適当なものを、次のイ〜ニの中から選べ。

イ　具体的な抽象美　　ロ　再現的な空想美　　ハ　主観的な客体美　　ニ　人工的な自然美

問九　問題文における筆者の見解と合致するものを、次のイ〜ホの中から一つ選べ。

イ　彫刻は、絵画や音楽のような官能を刺激する魔力に欠け、表面的には単調であることをまぬがれないが、見ることのできない内部においては、きわめて緻密で複雑に構成されている。

ロ　彫刻にはフランスのロダンをはじめとして、古来名作として知られている作品も少なくないが、それらも結局は石塊や金糞の堆積にすぎないという冷静な視線も、一方では必要である。
ハ　彫刻から、現代人が激しい胸の鼓動を覚えるのは、文明の進んだ現代人であればあるほど、心の奥に潜んでいる叫び声が、彫刻のもっている原始的な性格と呼応し、共鳴するからである。
ニ　彫刻が人間の裸体像を好んで制作するのは、石や銅や木などの素材が色彩的で複雑な服装の再現に適さず、むしろ何の装飾もない人間の肉体をありのままに描くことを得意とするからである。
ホ　彫刻がめざすのは、自然の形を再現することではなくその魂を表現することであるから、表現をつきつめていけばいくほど、実際の形を離れて一種の記号的な原始の姿をとるようになる。

問十　問題文の筆者は、近代の彫刻家・詩人で、詩集には『道程』『智恵子抄』などの作品がある。その姓名を漢字で答えよ。解答は、楷書で正確に書け。

（早稲田大（政経））

出典

高村光太郎「彫刻の面白味」

語句説明

寸毫《すんごう》（9行目）……ごくわずか。寸分。
涸寒《こかん》さ（12行目）……枯れて寒々しい状態。
狡猾《こうかつ》（22行目）……ずるがしこい。
敢《あ》**えて**（23行目）……しいて。無理やりに。
智慧《ちえ》（28行目）……知恵。
立《た》**つ瀬**《せ》（29行目）……立場。
灰汁《あく》（31行目）……①灰を水に溶かした時のうわずみ。②食品中の渋み・にがみ。③独特の個性。どぎつさ。
訥弁《とつべん》（35行目）……口下手《くちべた》。ものの言い方が下手なこと、人。
朋友《ほうゆう》（37行目）……友人。
情人《じょうにん》（38行目）……「じょうじん」とも読む。愛人。
直截《ちょくせつ》（38行目）……ずばりと言うこと。
恰度《ちょうど》（51行目）……丁度《ちょうど》。ちょうど。まさに。
衝心《しょうしん》（52行目）……文中では、「衝撃」の意味で用いられている。
放擲《ほうてき》（53行目）……放置。

要約

彫刻は絵画や音楽と異なり、一般には解《わか》りにくい。従って、彫刻を味わおうとするには、それに心を傾注する必要がある。彫刻は自然の再現に関心があるのではなく、自然の魂に直接迫ることに関心がある。彫刻はこのように原始的であるがゆえに、現代人の心にも共鳴するのである。

本問の価値

高村光太郎は文学史上の人物であるが、光太郎の文章も難関大の入試によく出題されている。最近では、大阪大（前期・文）、奈良大、北海道教育大、青山学院大（文）、関西学院大（経）などで出題されている。

高村光太郎の文章の繊細さ・激烈性は、むせかえるような人間性と個性に満ちている。読んでいて、めまいがするほどの熱気に、腰が引けそうになる。

しかし、受験生は、ここで逃げてはいけない。ここでも、著者の論理の流れに素直に乗った方がよい。

芸術論の苦手な受験生が案外多いが、それは、著者の熱気に圧倒されたり、拒絶反応を起こしてしまうからであろう。

本問でも、音楽、絵画を低評価し、彫刻を特別扱いしているが、そのことにいちいち反発しない方がよい。

著者の価値観の表明として、素直に冷静に対応する方が得策である。

解説

問一《漢字の読み》（やや難）

2の「**愚弄《ぐろう》**」は「人をばかにする」という意味。

問二《空欄補充問題》（難）

24行目の「『線』の調律ばかりを抽き出して来る」に注目すると、**イ**が正解となる。

←

ロ（×）「時間を截断」は「絵画」にも当てはまる。

ハ（×）「巧緻な形の技巧」が、［A］直後の「単調の感」に反する。

ニ（×）「単調な面の連続」が、［A］直後の「単調な感」と重なり、文脈が変になる。

問三《空欄補充問題》（標準）

「**猫に小判**」とは、「値打ちがあっても、わからない者には何の価値もないこと」という意味。

問四《選択問題》（やや難）

「ゆめ」は後の禁止・打消表現と呼応して「決して」と意味を表す、陳述（呼応）の副詞（**ニ**）である。本文でも、「ゆめ……踏ましめたくない」と、否定表現と呼応している。

問五《空欄補充問題》（やや難）

「四字の形容詞」という指定がヒントになっている。

←

「彫刻」の本質について、27〜28行目に「彫刻の面白味というものは……図々しい所に生命がある」との記述があることに注目する。

問六《選択問題》（やや難）

傍線部の「灰汁《あく》」の意味（→語句説明に既出）は、文脈上、「独特の個性、どきつさ」である。が、直接的には、傍線部直前の「絵画や音楽に求める様な表面の複雑な情調や官能の生理的跳躍の快さ」をさしている。

← 「灰汁《あく》が抜けている」の辞書的意味は「洗練（→上品。磨《みが》きがかかる）」であるが、直接的には、直後の「原始的」をさす。それゆえ、「最も進んだ現代人の心の奥の叫び声と共鳴する」（32行目）のである。従って、**ハ**が正解となる。

← イ（×）本文においては、「原始的」と「洗練」が直結している。ハと比較して劣る。

ロ（×）「絵画……濾過された」の部分が、本文の「絵画・音楽と彫刻の対比」に反する。

ニ（×）「万人に……芸術」の部分が、「最も進んだ現代人」（32行目）に反する。

問七《選択問題》（難）

傍線部直前と直後の、それぞれの二文に注目して、傍線部を解釈する必要がある。

← 昔の人は彫刻と友人になれたが、現代人は彫刻に対して「あかの他人か、情人（→愛人）」の関係にしか立てない、と傍線部は言っている。**ニ**が正解となる。

← イ（×）「彫刻は信仰の対象」の部分が、本文にこのような記述はなく、誤り。

ロ（×）「彫刻に全身全霊で打ち込み」の部分が本文と無関係であり、誤り。

ハ（×）「現代人……向き合う」の部分が、本文にこのような記述はなく、誤り。

問八《空欄補充問題》（難）

空欄直前の四文、空欄直後の「ほとんど意を成さぬ考え」、「形も見えぬ、色も見えぬ、煙の様なもの」（50行目）、「物の魂を抽《ぬ》き取って来て」（53行目）に着目すると、「**具体的な抽象美**」（**イ**）が正解となる。

← ロ（×）「空想美」は本文と無関係である。

ハ（×）「客体美」は「形も見えぬ、色も見えぬ、煙の様なもの」（50行目）に反する。

ニ（×）「自然美」はハと同様の理由で、本文に反する。

問九《趣旨合致問題》（やや難）

イ（×）後半の「見ること……構成されている」の部分は、本文にこのような記述はなく、誤り。

ロ（×）後半の「それら……必要である」の部分が、本文の「如何なる……面白い事ではない」（7～8行目）に反する

ハ（○）傍線部Eの直後の記述と一致している。

ニ（×）後半の「人間の肉体をありのままに描くことを得意とする」の部分が、48行目の「形の再現という意味は少しも伴っておらぬ」以下の記述に反する。

ホ（×）「表現をつきつめていけばいくほど」の部分が、本文にこのような記述はなく、誤り。

問十《記述問題》（標準）

「近代の彫刻家・詩人」、「道程」「智恵子抄」をヒントにすれば、**高村光太郎**は容易に答えられるであろう。

解答

（合計点50点・合格点32点）**（難）**

問一（小計4点・各2点）**（やや難）**

1　あらかじ

2　ぐろう

問二　イ（6点）**（難）**

問三　小判（3点）**（標準）**

問四　ニ（2点）**（やや難）**

問五　図々しい（3点）**（やや難）**

問六　ハ（6点）**（やや難）**

問七　ニ（6点）**（難）**

問八　イ（6点）**（難）**

問九　ハ（10点）**（やや難）**

問十　高村光太郎（4点）**（標準）**

著者紹介

高村光太郎（一八八三―一九五六）

詩人・彫刻家。東京生まれ。光雲の子。東京美術学校で彫刻と洋画を学ぶ。ロダンの影響を受ける。詩集「道程」「智恵子抄」「典型」、訳書「ロダンの言葉」「続ロダンの言葉」、彫刻に「手」などがある。

14 二葉亭四迷「平凡」

次の文は明治期の作家二葉亭四迷の小説の一部である。これを読んで、あとの問いに答えよ。

俗曲はわからない。が、わからなくても、わたしは大好きだ。新内でも、清元でも、上手の歌うのをきいていると、何だかこう国民の精粋《せいすい》とでもいうような物が、髣髴《ほうふつ》として粋な声や微妙な節回しの上にあらわれて、わが心の底に潜む何かに触れて、何かが想い出されて、何とも言えぬなつかしい心持ちになる。

お糸さんの顔は縁側からは見えないけれどきっと少しボッと上気して、薄目をあいて、恍惚《こうこつ》として我か人かの境に迷いつつ、歌っているに違いない。いわゆる[1]神来《しんらい》の興が中に動いて、歌に現《うつつ》をぬかしているのは歌う声に魂のはいっているのでわかる。恐らくもうそばでお神さんや下女のきいていることも忘れているだろう。お糸さんはもう人間のお糸さんでない。人間のお糸さんはどこへか行ってしまって、からだに俗曲の精霊が宿っている、そうしてお糸さんの美音を透して直接に人間と交渉している。お糸さんは今俗曲の巫女《いちこ》である。薩満《シャマン》である。平生のお糸さんは知らず、この瞬間のお糸さんはお糸さん以上である。いや、人間以上で神に近い人である。

こう思うと、時としてはこうして人間を離れて芸術の神境《しんきょう》に出入しうるお糸さんは尋常《ただ》の人間でないように思われる。お糸さんの人となりは知らないが、歌において三味線においてお糸さんは確かに一個の芸術家である、事によると、芸術家と自覚せぬ芸術家である。要するに、俗物でない。

わたしも不肖ながら芸術家の端くれと信ずる。お糸さんの人となりは知らないでも、芸術家の心はただ芸術家のみよくこれを知る。この下宿に客多しといえども、よくお糸さんを知る者はわたしのほかにあるまい。わたしの心を解しうる者も、お糸さんのほかにはないはずである……と思うと、まだろくに物を言った事もないお糸さんだけれど、何だかお糸さんが生まれぬ前からの友のように思われて、[2]わたしは……ああ、わたしは……

わたしの下宿ではいつも朝飯が済んで下宿人が皆出払ったあとで、ゆっくり掃除や雑巾掛けをする事になっていた。お糸さんは奉公人でないから雑巾掛けには関係しなかったが、掃除だけは手伝っていたので、いつもその時分になると、お掃除いたしましょうと言ってはわたしの部屋へ来る。わたしは内々それを心待ちにしている、来ると急いで部屋を出て縁側をうろつく。うろつきながら、見ぬ振りをして横目でチョイチョイ見ていると、お糸さんが赤い襷《たすき》に白地の手ぬぐいを姉様かぶりというかいがいしいいでたちで、わたしの机や本箱へパタパタと払塵《はたき》を掛けている。それをこっちから見ていると、お糸さんが何だかこうわたしの何かのような気がして、うれしくなって、こうしたところもわるくないなと思う。

ところが、お糸さんが三味線をひいたあくる朝の事であった。万事が常よりも不手《ふて》回りで、掃除にもいつも来るお糸さんが来ないで、小女《ちび》が代わりに来たから、わたしは［ a ］、今日はお竹どんが病気で寝ているので、受け持ちなんぞの事を言っていられないのだという。それなら仕方がないようなものだけれど、小女のは掃除するのじゃなくて埃《ほこり》をほだてて行くのだから、わたしがしかり付けてやったら、小女は何だかぶつぶつ言って出て行った。

しばらくして用をたしに行こうと思って、ヒョイとわたしが部屋を出ると、いつ来たのか、お糸さんがついそこで、着物の裾をクルッとまくった下から、華美な長襦袢《ながじゅばん》だか腰巻だかを出しかけて、倒《さか》さになってせっせと雑巾掛けをしていた。わたしの足音に振り向いて、お邪魔さまといって、身を開いて通してくれて、お糸さんは何とも思っていぬようだったが、わたしは何だか気の毒らしくて、[3]急いで二階を降りてしまった。

用をたしてから出て来て見ると、手水鉢《ちょうずばち》に水がない。小女はいないかとみまわす向こうへお糸さんが、もう雑巾掛けも済んだのか、バケツをさげてやって来たが、と見ると、すぐ気が付いて、

「[b]」……「ただいますぐ持ってまいりますよ。」

と駆け出して行って、台所から手桶をさげて来て、

「[c]」

と、ザッと水をあける時、どこの部屋から仕掛けたベルだか、帳場で気短かにけたたましくチリリリリリンと鳴る。

お神さんが台所から面を出して、

「だれもいないのかい？　十番さんでさっきからお呼びなさるじゃないか。」

「[d]」

とお糸さんがやっぱり下女並みの返事をして、

「お三どん新参で大まごつき……」

とわたしの面を見てにっこりしながら、ちょいとおどけた手付きをしたが、そのまま所体《しょてい》崩して駆け出して、表梯子《おもてばしご》をトントントンと上って行く。

わたしが手を洗って二階へ上って見たら、お糸さんはもう裾をおろしたり、襷をはずしたりして、ちゃんとした常の姿になって、突き当たりの部屋の前で膝を突いて、何か用をきいていた。

わたしは部屋へ帰って来て感服してしまった。お糸さんは歌がうまい、三味線もうまい、女ながらも立派な［ e ］だ。それが今日はどうだろう？　お竹が病気なら仕方がないようなものの、まるで下女同様に追い使われている。下女同様に追い使われて、慣れぬ雑巾掛けまでさせられた上に、無理な小言を言われても、格別いやな面もせずに、何とか言ったっけ？　そうそう、お三どん新参で大まごつきといってにっこり……[4]偉い！

（二葉亭四迷『平凡』より）

問一　傍線部1「神来の興」とあるが、その意味としてもっとも適当なものを次のア～オから選べ。

ア　天賦の才　　イ　全能感覚　　ウ　霊感　　エ　信仰の念　　オ　陶酔

問二　傍線部2「わたしは……ああ、わたしは……」とあるが、そのあとに続く気持ちとしてもっとも適当なものを次のア～オから選べ。

ア　お糸さんを深く理解していることを伝えたい
イ　ようやく芸術の友に出会えてうれしい
ウ　芸術こそ自分の生きる道なのだと思う
エ　お糸さんを好きになってしまったかもしれない
オ　芸術家としてお糸さんにはとてもかなわない

問三　空欄［a］に入るもっとも適当なものを次のア～オから選べ。

ア　怪しいと思って、どうしたのだといぶかしげにいうと
イ　不平に思って、どうしたのだとなじるようにいうと
ウ　腹を立てて、どうしたのだと怒りにまかせていうと
エ　やけになって、どうしたのだと大声でいうと
オ　不審に思って、どうしたのだとやさしげにいうと

問四　傍線部3「急いで二階を降りてしまった」とあるが、主人公の気持ちとしてもっとも適当なものを次のア～オから選べ。

ア　下女同様の仕事をしているお糸さんを見るのがはばかられる気持ち
イ　自分がいるとお糸さんの仕事の邪魔になるのではとおもう気持ち
ウ　雑巾がけは、ほんとうはお竹の仕事のはずなのにと腹立たしい気持ち
エ　お糸さんにこんな仕事をさせているお神さんに文句をいいたい気持ち
オ　はやく気分転換をして、いろんなことを忘れたい気持ち

問五　空欄「b」「c」「d」には、それぞれどのような言葉が入るか。もっとも適当なものを次のア～カの組み合わせから選べ。

ア　b　お待ちどおさま　c　おやそうだっけ　d　へい、ただいま
イ　b　お待ちどおさま　c　へい、ただいま　d　おやそうだっけ
ウ　b　おやそうだっけ　c　お待ちどおさま　d　へい、ただいま
エ　b　おやそうだっけ　c　へい、ただいま　d　お待ちどおさま
オ　b　へい、ただいま　c　お待ちどおさま　d　おやそうだっけ
カ　b　へい、ただいま　c　おやそうだっけ　d　お待ちどおさま

問六　空欄 e に入るもっとも適当な語句を次のア～オから選び、その記号を答えよ。

ア　近代的社会人　イ　一個の芸術家　ウ　自立した芸人　エ　一人の人間

オ　一人前の粋人

問七　傍線部4「偉い!」とあるが、これはお糸さんのどういうところを誉めているのか。もっとも適当なものを次のア～オから選び、その記号を答えよ。

ア　つねにまず人のことを思いやる親切心
イ　すぐれた資質をもちながら身を低くする謙虚さ
ウ　つらい境遇にも不平を見せないけなげさ
エ　自分の境遇を軽い冗談にする粋な心意気
オ　自分の気持ちを率直に相手に伝える聡明さ

（早稲田大（国際））

出典

二葉亭四迷「平凡」〈五十三〉〈五十四〉の一節（一部省略）。

語句説明

・今回ポイントになる語句は、入試頻出のものが多いので、しっかりマスターしよう。

俗曲（1行目）……三味線《しゃみせん》などに合わせて歌う曲。端唄《はうた》・都々逸《どどいつ》など。
←

精粋（2行目）……**精髄**。**神髄**。

髣髴《ほうふつ》（2行目）……①ありありとして。②ぼんやりとして。本問では①の意味が強い。読みで頻出。**彷彿**《ほうふつ》の読みも暗記しよう。

恍惚《こうこつ》（5行目）……うっとり。**エクスタシー**。忘我。

現《うつつ》**をぬかしている**（6行目）……夢中になる。

巫女（10行目）……「みこ」と読むのが一般的。神がかりの状態になって、死者の言葉を自分の口で伝える女。くちよせ。いたこ。

薩満（10行目）……**シャーマン**。神霊・死霊などと直接的に交わる能力をもち、治療・予言などをする人。

平生《へいぜい》（10行目）……日常。平常。**平素**。読みで頻出。

人となり（13行目）……生まれつきの性質。人柄。

俗物《ぞくぶつ》（14行目）……目先の利益・名声のみを求める人。芸術に無関心な人。軽侮のニュアンスを含む。

不肖《ふしょう》（15行目）……愚かな者。自分を謙遜して言う。

かいがいしい（25行目）……きびきびしている。

手水鉢《ちょうずばち》（39行目）……手を洗う水を入れておく鉢。

帳場（44行目）……勘定場。カウンター。

あらすじ

わたしが下宿している家に、お糸さんはいる。俗曲を歌っている時のお糸さんは、わたしには芸術の神境に出入りしている芸術家と思われる。お糸さんは奉公人ではないが、掃除だけは手伝っている。しかし、ある時、下女代わりに雑巾掛けなどをした。その時のお糸さんは、一個の芸術家であるにもかかわらず、下女同様に追い使われても、いやな顔もせず、「お三どん新参で大まごつき」といってにっこりしている。わたしはお糸さんを偉いと思う。

本問の価値

小説・エッセイ問題の入試における出題率は相変わら

ず高く、毎年約一割である。

小説・エッセイ問題についても、**「慣れ」**が必要である。

本来、小説やエッセイは一文一文味わいつつ読むべきだが、これは入試では、時間の面でも、解法の方向でも、有害ですらある。

あくまで、設問の要求に応じて、主観的文章を純客観的に分析しなくてはならない。この点で、案外、読書好きの受験生がこの種の問題に弱い。

しかし、それほど心配する必要はない。

入試問題の要求にいかに合わせていくかという方法論を身に付けること、つまり、小説・エッセイ問題に、**「正しく慣れる」**ことで、得点力はアップするのである。

そこで、次に、**小説・エッセイ問題解法のポイント**をまとめておく。

↓

《小説・エッセイ問題解法のポイント》

(1)5W1H(つまり、筋)の正確な把握

①だれが (Who) 人物
②いつ (When) 時
③どこで (Where) 場所
④なぜ (Why) 理由──→**これが重要**
⑤なにを (What) 事件
⑥どうした (How) 行為

↓

(2)人物の心理・性格の把握

①心理は、その人物の行動・表情・発言に、にじみ出ているので、意識して読もう。
②心理面に注目して、**各人物の人間関係**を押さえていく。
③登場人物の心理推理問題については、
(i)受験生は、自分をその人物の立場に置く、
(ii)**インテリ的に、まじめに、一般的に**考えていく、と、よいであろう。
④心理は時間とともに流動するので、心理的変化は丁寧に追うようにする。

解説

問一《単語力問題》(標準)

ここで、単語力問題の手順を確認する。

①前提として、辞書的意味を押さえる。
②文脈による修正をする。

↓

「神来」とは「インスピレーション」の意味であり、「興」とは「心に感じる、おもしろさ」の意味。

↓

第二段落が「神来の興」の説明になっていることに注目する。「俗曲の精霊」（9行目）は「神来の興」に対応している。

↓

ア（×）ズレている。「**天賦**《てんぷ》」とは、天性・**天与**という意味。

イ（×）「精霊」とズレている。

ウ（○）辞書的意味に合致し、「精霊」にも合致する。

エ（×）ズレている。

オ（×）「興」のニュアンスを含むが、「神来」に触れていない。

問二《心情把握問題》（やや難）

心情把握問題においては、前提として状況を把握したうえで、著者の立場に立つことが大切。

↓

傍線部の心情は、傍線部の直前部分が前提になっている。

↓

「芸術家の心はただ芸術家のみよくこれを知る」

「よくお糸さんを知る者はわたしのほかにあるまい」

「わたしの心を解しうる者も、お糸さんのほかにはないはずである」

「と思うと、何だかお糸さんが生まれぬ前からの友のように思われて」の流れを丁寧に追う必要がある。

↓

ア（×）「芸術家の心はただ芸術家のみよくこれを知る」（15行目）に触れていない。

イ（○）「芸術家の心……」、「生まれぬ前からの友」（直前）に対応している。

ウ（×）「お糸さん」との関係に触れていない。

エ（×）「好き」については本文に記述がない。「友」（直前）からは飛躍しすぎている。

オ（×）「かなわない」とは言っていない。

問三《心情把握問題》（やや難）

本問においても、「状況把握→心情把握」の手順を丁寧に押さえる必要がある。

[a] の著者の心情については、「わたしがしかり付けてやった」（32行目）にも注意。

←

ア（×）「怪しい」の部分が誤り。「小女が代わりに来た」（直前）、直後の小女のセリフから、著者と「小女」は顔見知りと思われる。

イ（○）「小女が代わりに来た」、直後の小女のセリフ、「わたしがしかり付けてやった」に対応している。なお、「なじる」とは「**詰る**」と書き、「**詰問**」「責める」という意味。

ウ（×）「怒りにまかせて」が極端で誤り。

エ（×）「やけになって」が極端で誤り。

オ（×）「やさしげ」は「わたしがしかり付けてやった」とズレる。

問四《心情把握問題》（標準）
傍線部直前の「わたしは何だか気の毒らしくて」に注目する。
←
なぜ、このように思ったか。
←
「一個の芸術家」（13行目）の「お糸さんは奉公人ではないから雑巾掛けには関係しなかったが、掃除だけは手伝っていた」（22行目）のに、「倒さになってせっせと雑巾掛けをしていた」（35行目）からである。
←
ア（○）右の説明から、これが正解。なお、「**はばかられる**」とは「**憚られる**」と書き、「遠慮する」という意味。
イ（×）「仕事の邪魔になる」と部分が表面的で誤り。著者の「気の毒」（かわいそう）という気持ちに触れていない。
ウ（×）傍線部直前の「気の毒らしくて」とズレる。
エ（×）理由は右のウと同じ。
オ（×）お糸さんへの気持ちが書かれていないので、誤り。

問五《状況把握問題》（標準）
各空欄の直前直後を精読する必要がある。
←
b ウ・エの「おやそうだっけ」が入る。直前の「手水鉢に水がない。……お糸さんが……バケツをさげてやって来たが、と見ると、すぐ気が付いて」、直後の「ただいますぐ持ってまいりますよ」に注目する。
c ウ・オの「お待ちどおさま」が入る。直前の「台所から手桶をさげて来て」、直後の一と、ザッと水をあける時」に着目する。

d　ア・ウの「へい、ただいま」が入る。直前の「だれもいないのかい？　十番さんでさっきからお呼びなさるじゃないか」、直後の「とお糸さんがやっぱり下女並みの返事」に注目する。

↓

以上より、**ウ**が正解。

問六《心情把握問題》（標準）

直前の「お糸さんは歌がうまい、三味線もうまい、女ながらも立派な」に着目することが不可欠である。

↓

ア（×）無関係である。

イ（○）直前の文脈に整合し、13行目の「一個の芸術家」とも対応する。

ウ（×）著者は「お糸さん」を「一個の芸術家」とみているので、「芸人」（芸能人）では誤りとなる。

エ（×）無関係である。

オ（×）「**粋人**《すいじん》」は「風流な人」という意味であり、「芸術家」とは違う。

問七《心情把握問題》（難）

本問では、本文の39行目以下を精読する必要がある。特に重要なのは最終段落である。

↓

「偉い！」とは、お糸さんのどういうところを誉めているのか。

↓

①「お糸さんは女ながらも立派な一個の芸術家」（55行目）。

↓

②しかし、事情により「まるで下女同様に追い使われて」（56行目）いるのに、「格別いやな面もせずに」（58行目）、「お三どん新参で大まごつきといってにっこり」（58行目）としている。

↓

これを誉めている。

↓

ア（×）右の②の「下女」の点に触れていないので、誤り。

イ（×）アと同じ理由により、誤り。

ウ（×）「不平を見せない」では、右の②の「格別」以下の説明としては不十分ゆえに、誤り。

エ（○）右の②の内容をよく押さえており、これが正解。
オ（×）アと同じ理由により、誤り。

解答

（合計点50点・合格点32点）**（やや難）**

問一　ウ（6点）**（標準）**
問二　イ（7点）**（やや難）**
問三　イ（6点）**（やや難）**
問四　ア（7点）**（標準）**
問五　ウ（7点）**（標準）**
問六　イ（7点）**（標準）**
問七　エ（10点）**（難）**

著者紹介

二葉亭四迷《ふたばていしめい》（一八六四―一九〇九）
　小説家。東京都出身。東京外語学校露語科中退。坪内《つぼうち》逍遙《しょうよう》の**「小説神髄《しんずい》」**に影響を受け、明治19年、**写実主義**の理論を深めた評論**「小説総論」**を発表。その理論の具体化として**「浮雲」**を発表した。

15　和辻　哲郎「茸狩り」

次に掲げるのは、哲学者の和辻哲郎が昭和十一年（一九三六）に書いた『茸《きのこ》狩り』という文章である。これを読んで、あとの問いに答えよ。

松茸の出るころになるといつも思い出すことであるが、茸という物が自分に対して持っている価値は子供時代の生活と離し難いように思われる。[1]トルストイの確か『戦争と平和』だったかにそういう意味で茸狩りの非常に鮮やかな描写があったと思う。

自分は山近い農村で育ったので、秋には茸狩りが最上の楽しみであった。何歳のころからそれを始めたかは全然記憶がないが、小学校へはいるよりも以前であることだけは確かである。村から二三町で松や雑木の林が始まり、それが子供にとって非常に広いと思われるほど続いて、やがて山の斜面へ移るのであるが、幼いころの茸狩りの場所はこの平地の林であり、小学校の三四年にもなれば山腹から頂上へ、さらにその裏山へと探し回った。今ではその平地の林が開墾され、山の斜面が豊富な松茸山となっているが、そのころにはまず松茸はきわめてまれで、松茸山として縄を張られている部分はわずかしかなかった。そこで子供たちにとっては、松茸を見いだしたということは、科学者がラディウムを見いだしたというほどの大事件であった。通例は松茸以外の茸をしか望むことができなかった。まず芝生めいた気分のところには初茸しかない。が、初茸は芝草のない灌木の下でも見いだすことができる。そういうところでなるべく小さい灌木の根元を注意すると、枯れ葉の下から黄茸や白茸を見いだすこともできる。

その黄色や白色は非常に鮮やかで輝いて見える。さらにまれには、しめじ茸の一群を探しあてることもある。その鈍色《にびいろ》はいかにも高貴な色調を帯びて、子供の心に[a]マンエツの情をみなぎらしてくれる。そうしてさらに一層まれに、すなわち数年の間に一度くらい、あの王者の威厳と聖人の香りをもってむっくりと落ち葉を持ち上げている松茸に、出逢うこともできたのである。

　こういう茸狩りにおいて出逢う茸は、それぞれ品位と価値とを異にするように感じられた。[2]子供心にもこういうふうな感じの区別が実際あったのである。特にこれらの茸と毒茸との区別は顕著に感ぜられた。赤茸のような鮮やかな赤色でもかつて美しさを印象したことはない。それは気味の悪い、嫌悪を[b]催す色であった。スドウシヤやヌノビキなどは毒茸ではなかったが、何ら人を引きつけるところはなかった。

　子供にとって茸の担っていた価値はもっと複雑な区別を持っているのであるが右にあげただけでもそう単純なものではない。このような区別は[3]性の度合からも説明し得られるであろう。しかし、[3]性だけがその規定者ではなかった。どんなに珍しい種類の毒茸が見いだされたとしても、それは毒茸であるがゆえに非価値的なものであった。では何が茸の価値とその区別とを子供に知らしめたのであろうか。子供の価値感がそれを直接に感得したのであろうか。もし色の美しさがその決定者であったならば、そうも言えるであろう。しかし赤茸の美しい色は非価値であった。色の美しさではなく味のよさに着目するとしても、子供には初茸の味と毒茸の味とを直接に弁別するような価値感は存せぬのである。茸の価値を子供に知らしめたのは子供自身の価値感ではなくして、彼がその中に生きている社会であった。すなわち村落の社会、特に彼を育てる家や彼の交わる仲間たちであった。さまざまの茸の中から特に初茸や黄茸や白茸やしめじ茸などを選び出して彼に示し、彼に味わわせ、またそれらを探し求める情熱と喜びとを彼に伝えたのは、彼の親や仲間たちであった。言いかえれば、[4]を彼は教え込まれたのである。それと同時に彼はまたいずれの茸がより多く尊重せられるかをも仲間たちから学んだ。年長の仲間たちがそれを見いだした時の喜び方で、彼は説明を待つまでもなくそれを心得たのである。

しかしそれは茸の価値が彼の[5]という意味ではない。教え込まれた茸の価値はいわば彼に探求の目標を与えたのであった。すなわち彼を茸狩りに発足せしめたのであった。それから先の茸との交渉は厳密に彼自身の[6]。茸狩りを始めた子供にとっては、彼の目ざす茸がどれほどの使用価値や交換価値を持つかは、全然問題でない。彼にはただ「探求に価する物」が与えられた。そうして子供は一切を忘れて、この探求に自己を投入するのである。松林の下草の具合、土の感じ、灌木の形などは、この探求の道においてきわめて鋭敏に子供によって観察される。茸の見いだされ得るような場所の感じが、はっきりと子供の心に浮かぶようになる。彼はもはや漫然と松林の中に茸を探すのではなく、松林の中のここかしこに散在する茸の国を訪ねて歩くのである。その茸の国で知人に逢う喜びに胸をときめかせつつ、彼は次から次へと急いで行く。ある国では寂として人影がない。他の国ではにぎやかに落ち葉の陰からほほえみ掛ける者がある。そのたびごとに子供は強い寂しさや喜びを感じつつ、松林の外の世界を全然忘れている。そういう境地においては実際に初茸は愛らしく、黄茸は品位があり、白茸は豊かであり、しめじは貴い。こういう価値の感じは仲間に教え込まれたのではなくして彼自身が体験したのである。彼は自らこの探求に没入することによって、教えられた価値を彼自身のなかから彼自身のものとして体験した。そうしてこの体験は彼の生涯を通じて消え失せることがない。

そこで振り返って見ると、茸の価値をこの子供に教えた年長の仲間たちも、同じようにそれぞれの仕方においてこの価値を体験していたのであった。そうしてその体験の表現が、たとえば茸狩りにおける熱中や喜びの表情が、彼に茸の価値を教えたのである。だからここに[7]茸の価値と言われるものは、この自己没入的な探求の体験の相続と繰り返しにほかならぬのであって、価値感という作用に対応する本質というごときものではない。茸の価値は茸のあり方であり、そのあり方は茸を見いだす我々人間の存在の仕方にもとづくのである。

ここに問題とした茸の価値は、茸の使用価値でもなければまた交換価値でもない。が、これらの価値の間に一定の連関の存することは否み難いであろう。[8]いわゆる「価値ある物」は何ほどかこの茸と同じき構造をもつと言ってよい。

問一　傍線部1「トルストイ」から強い影響をうけた日本の作家の一人に、武者小路実篤がいる。彼が活動した文学グループは一般に何と呼ばれているか。次のイ〜ホの中から一つ選べ。

イ　自然派　　ロ　白樺派　　ハ　明星派　　ニ　新感覚派　　ホ　新理知派

問二　傍線部aのカタカナを漢字で、bの漢字の読みをひらがなで、それぞれ記せ。ただし漢字は楷書で正確に書くこと（乱雑な文字や字画の曖昧な文字などは不正解とする）。

問三　空欄 2 には次のイ～ヘの六つの文が入る。正しい順序に並べ替えて、その順番を記号で記せ。

イ　が、白茸になると純粋な上にさらに豊かさがあって、ゆったりとした感じを与える。
ロ　ことに赤みの勝った、笠を開かない、若い初茸はそうである。
ハ　しめじ茸に至れば清純な上に一味の神秘感を湛えているように見える。
ニ　黄茸は純粋ですっきりしている。
ホ　初茸はまことに愛らしい。
ヘ　しかし黄茸の前ではどうも品位が落ちる。

問四　空欄 3 （2ヵ所ある）には、次のカタカナで記した語群のうちいずれか一つが入る。最も適当なものを選んで、そのカタカナを漢字二字に直せ。ただし漢字は楷書で正確に書くこと。

イガイ　　カクジツ　　キショウ　　シンビ　　グウゼン

問五　空欄 4 に入る語句として最も適当なものを、次のイ～ホの中から選べ。

イ 学問的に説明できない茸の価値
ロ 自分だけが区別できる茸の価値
ハ 社会的に成立している茸の価値
ニ 世間の評価とは異なる茸の価値
ホ 仲間たちしか知らない茸の価値

問六 空欄［5］・［6］の説明として最も適当なものを、次のイ～ニの中から選べ。

イ 空欄5・6とも「体験である」が入る。
ロ 空欄5・6とも「体験でない」が入る。
ハ 空欄5には「体験である」が、空欄6には「体験でない」が入る。
ニ 空欄5には「体験でない」が、空欄6には「体験である」が入る。

問七 傍線部7はどのようなことを指しているか。最も適当なものを、次のイ～ホの中から選べ。

イ 茸の価値は、世の中の価値観の変動に一喜一憂する人間の表情にはかかわりなく、本質において不変であり続けるということ。
ロ 茸の価値は、年長者から子供へ繰り返し教えられてきたが、今後は自分自身でその本質を発見しなければならないということ。
ハ 茸の価値は、仲間に導かれて茸狩りに熱中した体験のなかから生まれるもので、その本質がおのずから決まっているものではないということ。

ニ　茸の価値は、地域や時代による茸のあり方と結びついており、どこにでも共通する本質というものはあり得ないということ。
ホ　茸の価値は、自分を無にして探求しなければ見いだすことができず、どんな茸を見つけるかで人間性の本質そのものが問われてしまうということ。

問八　傍線部8はどのようなことを指しているか。最も適当なものを、次のイ〜ホの中から選べ。
イ　茸狩りをした子供時代の体験が生涯消え失せることがないように、いわゆる「価値ある物」は常に人の心に忘れがたい記憶を残すということ。
ロ　茸狩りの体験が親や仲間たちから子供へと伝えられていくように、いわゆる「価値ある物」も代々受け継がれることでしか守ることができないということ。
ハ　茸狩りをする子供が自分だけの「探求に価する物」をもっているように、いわゆる「価値ある物」も人によってそれぞれに異なるということ。
ニ　茸狩りの純粋な楽しみもどこかで社会的に認められた価値とつながっているように、いわゆる「価値ある物」にも多様な価値が付随しているということ。
ホ　茸狩りの場所が村はずれの雑木林や山の斜面であったように、いわゆる「価値ある物」も人知れず発見されることを待っているということ。

（早稲田大（政経））

出典

和辻哲郎「茸狩り」

語句説明

灌木《かんぼく》（12行目）……低木。アジサイ、ツツジなど。
鈍色《にびいろ》（15行目）……濃いネズミ色。
弁別（29行目）……区別。識別。
発足《ほっそく》（37行目）……「はっそく」とも読む。①活動を開始する。②実行に移す。
寂として《せき》（44行目）……ひっそりとしている様子。静まりかえっている様子。

要約

茸の価値を子供に教えたのは、彼の親や仲間たちであった。しかし、それは茸の価値が彼の体験でないという意味でない。子供は自ら茸の探求に没入することにより、茸の価値を彼自身のものとして体験したのである。茸の価値は茸のあり方であり、そのあり方は茸を見出す人間の存在の仕方にもとづく。ここにおける茸の価値は、その使用価値や交換価値と関連している。いわゆる「価値ある物」は、何ほどかこの茸と同じ構造をもっている。

本問の価値

和辻哲郎氏は哲学者・評論家であり、入試頻出の著者である。最近の難関大学での出題状況は以下の通りである。

京都大（後期）「風土」
一橋大「『もののあはれ』について」
九州大「風土」
上智大（法）「風土」
上智大（経済）「面とペルソナ」
明治大（法）「日本倫理思想史」
立命館大「イタリア古寺巡礼」
関西大（商）「イタリア古寺巡礼」

和辻氏の文章の特色については、以下の点があげられる。国内外の文化・芸術についての幅広い教養。誌的表現。日本語の粋。様々なものに対する冷徹な思考。

つまり、和辻氏の文章は、かなりハイレベルゆえに、難関大の入試で頻出なのである。

ただ、和辻氏の文章は全体構造が明確であるから、決して読みにくいとは言えないだろう。

解説

問一《選択問題》（標準）

武者小路実篤・志賀直哉を中心とする**白樺派**（**ロ**）は、理想主義・人道主義の作家トルストイから、強い影響を受けた。

問三《並べ替え問題》（やや難）

46行目の「初茸は愛らしく、黄茸は品位があり、白茸は豊かであり、しめじは貴い」の記述から、四種類の茸の「品位・価値・序列」を把握するとよい。

↓

そのうえで、
「初茸」についての「ホ↓ロ」、
「黄茸」についての「ヘ↓ニ」、
「白茸」と「しめじ茸」の対比の「イ↓ハ」、
の順序を確定する。

問四《空欄補充問題》（標準）

二番目の[3]の直後の「どんなに珍しい種類の毒茸が見いだされたとしても」をヒントにする。「**希少(稀少)**」が正解となる。

問五《空欄補充問題》（標準）

空欄直前の「言いかえれば」に着目する。
その前の文脈をまとめた語句を選ぶ。

↓

「茸の価値を子供に知らしめたのは」（30行目）、「村落の社会」（31行目）であり、「彼の親や仲間たち」（33行目）である。従って、「**社会的に成立している茸の価値**」（**ハ**）が正解である。

↓

ホは「親」が含まれていないので、誤り。

問六《空欄補充問題》（難）

「こういう価値の感じは……彼自身のものとして体験した」（47行目〜49行目）に着目して、[6]に「体験である」を入れる。

↓

[5]の直後の「教え込まれた茸の価値……この探求に自己を投入するのである」（36〜40行目）の文脈を押さえたうえで、[5]に「体験でない」を入れる。

↓

従って、**ニ**が正解となる。

問七《選択問題》（難）

傍線部の直前の二文と、直後の一文が、傍線部の説明になっていることを読み取る。

↓

傍線部の「茸の価値……繰り返し」は、直前の「その体験の表現が……彼に茸の価値を教えた」、直後の「茸の価値は……もとづく」と同内容である。一方、傍線部の後半は、「茸の価値」と「価値感……本質」の関係を否定している。従って、**ハ**が正解となる。

↓

イ・ロ（×）傍線部後半に反する。

ニ（×）「地域や時代による茸のあり方と結びついており」の部分が、傍線部直後の一文に反する。

ホ（×）「人間性の本質そのものが問われてしまう」の部分が、本文にこのような記述はなく、誤り。

問八《選択問題》（やや難）

傍線部は、直前の二文の「茸の価値」についての記述を、「価値ある物」について一般化して論じていることに注目する。そのうえで、「この茸と同じき構造」が何をさしているのかを把握する必要がある。

↓

「同じき構造」とは、「これらの価値の間に一定の連関の存すること」である。従って、**ニ**が正解である。

↓

イ・ロ・ハ・ホ（×）それぞれの「いわゆる」以下は、本文にこのような記述はなく、誤りである。

解答

（合計点50点・合格点33点）（やや難）

問一　ロ（3点）（標準）

問二（小計4点・各2点）（標準）

a　満悦

b　もよお

問三　ホ→ロ→ヘ→ニ→イ→ハ（8点）（やや難）

問四　希少（稀少）（5点）（標準）

問五　ハ（6点）（標準）

問六　ニ（8点）（難）

問七　ハ（8点）（難）

問八　ニ（8点）（やや難）

著者紹介

和辻哲郎《わつじてつろう》（一八八九—一九六〇）

哲学者・評論家。兵庫県生まれ。東大哲学科卒業。著書に「古寺巡礼」「風土」「面とペルソナ」「鎖国」などがある。

16 夏目　漱石　「思い出す事など」

次の文は、夏目漱石が「修善寺の大患」と呼ばれる大病を経験した後に書かれた「思い出す事など」の一節である。これを読んで、あとの問いに答えよ。

余《よ》はX この心持ちをどう形容すべきかに迷う。

力を商いにする相撲が、四つに組んで、かっきり合った時、土俵の真ん中に立つ彼らの姿は、存外静かに落ち着いている。けれどもその腹は一分と経たないうちに、恐るべき波を上下に描かなければ已《や》まない。そうして熱そうな汗の球が幾条《いくすじ》となく背中を流れ出す。

最も安全に見える彼らの姿勢は、この波とこの汗の辛うじて齎《もた》らす努力の結果である。静かなのは相克《あいこく》する血と骨の、僅《わず》かに平均を得た象徴である。二三十秒の現状を維持するに、彼らがどれほどの気迫を消耗せねばならぬかを思うとき、看《み》る人は始めて残酷の感を起こすだろう。

自活の計《はかりごと》に追われる動物として、生を営む一点から見た人間は、正にこの相撲の如く苦しいものである。われらは平和なる家庭の主人として、少くとも衣食の満足を、われらとわれらの妻子とに与えんがために、この相撲に等しいほどの緊張に甘んじて、日々《にちにち》自己と世間との間に、互殺の平和を見出そうと力《つと》めつつある。戸外に出て笑うわが顔を鏡に映すならば、そうしてその笑いの中《うち》に殺伐の気に充《み》ちた我を見出すならば、更にこの笑いに伴う恐ろしき腹の波と、背の汗を想像するならば、最後にわが必死のA 努力の、回向院《えこういん》のイ それのように、一分足らずで引き分けを期するロ 望みもなく、命のあらん限りは一生ハ続かなければならないという苦しい事実にニ想い至るならば、我らは神経衰弱に陥るべき極度に、わが精力を消耗するために、日に生き月に生きつつあるとまでホ言いたくなる。

かく単に自活自営の立場に立って見渡した世の中は悉《ことごと》く敵である、自然は B 敵である。社会は C 敵である。もし彼対我の観を極端に引き延ばすならば、朋友もある意味において敵であるし、妻子もある意味において敵である。そう思う自分さえ日に何度となく自分の敵になりつつある。疲れても已《や》め得ぬ戦いを持続しながら、煢然《けいぜん》として独りその間に老ゆるものは、見惨《みじめ》と評するより外に評しようがない。

古臭い愚痴を繰返すなという声が(1)頻りに聞こえた。今でも聞こえる。それを聞き捨てにして、古臭い愚痴を繰返すのは、しみじみそう感じたからばかりではない、しみじみそう感じた心持ちを、急に病気が来て顛覆《くつがえ》したからである。

血を吐いた余は土俵の上に仆《たお》れた相撲と同じ事であった。自活のために戦う勇気は無論、戦わねば死ぬという意識さえ持たなかった。余はただ仰向《あおむ》けに寝て、纔《わずか》な呼吸《いき》を敢《あえ》てしながら、怖い世間を遠くに見た。病気が床の周囲《ぐるり》を屏風《びょうぶ》のように取り巻いて、寒い心を暖かにした。

今までは手を打たなければ、わが下女さえ顔を出さなかった。 D すると医者が来た。社員が来た。妻が来た。しまいには看護婦が二人来た。そうして悉く余の意志を働かさないうちに、ひとりでに来た。

「安心して療養せよ」という電報が満州から、血を吐いた翌日に来た。思いがけない(2)知己や朋友が代る代る枕元に来た。あるものは鹿児島から来た。あるものは山形から来た。またあるものは眼の前に逼《せま》る結婚を延期して来た。余はこれらの人に、どうして来たと聞いた。彼らは皆新聞で余の病気を知って来たと言った。仰向けに寝た余は、天井を見詰めながら、世の人は皆自分より親切なものだと思った。E住みにくいとのみ観じた世界に忽《たちま》ち暖かな風が吹いた。

四十を越した男、自然に淘汰《とうた》せられんとした男、さしたる過去を持たぬ男に、忙しい世が、これほどの手間と時間と親切を掛けてくれようとは夢にも待ち設けなかった余は、病に生き還《かえ》ると共に、心に生き還った。余は病に謝した。また余のためにこれほどの手間と時間と親切とを惜しまざる人々に謝した。そうして願わくは善良な人間になりたいと考えた。そうしてこの幸福な考えをわれに打ち壊す者を、永久の敵とすべく心に誓った。

注　回向院……東京の両国にある浄土宗の寺。境内で勧進相撲が行われた。
煢然……孤独でたよりないさま。

＊　明治期の文章には、今日から見て不適切と思われる表現の含まれる場合もあるが、歴史的資料として原文の表現を尊重した。

問一　傍線部⑴・⑵の漢字の読みを、ひらがなで正確に書け。

問二　文中には次の一文が脱落している。どの文の前に入るのが適当か。その文の最初の三文字を書け。

これを互殺の和という。

問三 傍線部Aの「努力の」は、文脈上、どの語句に係るか。文中のイ〜ホの中から選べ。

問四 空欄［B］・［C］に入る組み合せとして最も適当なものを次のイ〜ニの中から選べ。

イ　B　不正で冷酷な　　C　公平で人情のある
ロ　B　不正で人情のある　　C　公平で冷酷な
ハ　B　公平で人情のある　　C　不正で冷酷な
ニ　B　公平で冷酷な　　C　不正で人情のある

問五 空欄［D］には次の五つの文が入る（ただし順序は変えてある）。正しい順番に並び替えると、最初の文（この段落全体の第二文）はどれになるか。次のイ〜ホの中から選べ。

イ　いくら仕《し》ようと焦慮《あせ》っても、調わない事が多かった。
ロ　それが病気になると、がらりと変った。
ハ　人に頼まなければ用は弁じなかった。
ニ　黙って寝ていただけである。
ホ　余は寝ていた。

問六　傍線部Eの「住みにくいとのみ観じた世界」に関して、次の問いに答えよ。

(1)　夏目漱石の初期の作品に、次のような冒頭部をもつ小説がある。その作品の題名を漢字で正しく書け。

山路《やまみち》を登りながら、こう考えた。

智に働けば角が立つ。情に棹させば流される。意地を通せば窮屈だ。とかくに人の世は住みにくい。

住みにくさが高《こう》じると、安い所へ引き越したくなる。どこへ越しても住みにくいと悟った時、詩が生まれて、画が出来る。

(2)　右の傍線部「情に棹《さお》させば」とはどのような意味か。次のイ～ホの中から最も適当なものを一つ選べ。

イ　世情に気を奪われれば　　ロ　感情を刺激しすぎれば
ハ　人情にむりやり逆らえば　　ニ　心情のおもむくに任せれば
ホ　愛情の深さを測ろうとすれば

問七　冒頭の波線部Xの「この心持ち」とは、どのような心持ちを指しているか。筆者の心持ちに最も近いものを次のイ～ホの中から選べ。

イ　病気から生還したことを感謝しなければ済まないと思いながら、湧き上がる喜びの感覚よりも、生と死がかならずしも対極ではなく、それほどの違いがないようにさえ感じられるしみじみと静寂な心持ち。

ロ　病気の自分に対する人々の親切に感謝し、心打たれながら、一人一人はどれほど善良でも、総体としての世の中はやはり敵であり、その敵と立ち向かわなければならないことを再確認しようとする心持ち。

ハ　病に生き還ると共に心に生き還ったと感じるほど、高揚感に包まれた病後の瞬間や、そこで獲得された新しい人生観が、いずれは色褪せた一片の記憶に変化してしまうのではないかと恐れる心持ち。

ニ　命の危機をもたらした災厄としての病が、実はかけがえのない生の経験になり得ることの不可思議さに打たれながら、それを自分に訪れた一つの転機として、喜んで受け入れようとする心持ち。

ホ　この病気に対する人々の対応から、自分が自分で卑下していたほど小さく無名な存在ではなかったことを誇らしく思いつつ、一層社会的に貢献しなければならないと思う張り詰めた心持ち。

（早稲田大（政経））

出典

夏目漱石『思い出す事など』

語句説明

相克《あいこく》（6行目）……「そうこく」と読むのが一般的である。対立、争いという意味。

殺伐《さつばつ》（11行目）……気持ちが荒れている様子。

淘汰《とうた》（35行目）……悪いものを除き、良いものを選び残すこと。**取捨**。

要約

自活自営の立場に立って見渡した世の中は悉《ことごと》く敵である、と感じた心持ちを、急に病気が来て顚覆《くつがえ》した。住みにくいとのみ観じた世界に忽《たちま》ち暖かな風が吹いた。自分のためにこれほどの手間と時間と親切とを惜しまない人々に謝し、自分も善良な人間になりたいと考えた。

本問の価値

夏目漱石は、長い間、入試頻出著者であり、毎年トップレベルの出題数になっている。特に、難関大における出題率が高い。最近の出題状況は以下の通りである。


一橋大（前期）「文学談」

一橋大（前期）「現代日本の開化」

筑波大（前期）「それから」

九大「模倣と独立」

早稲田大（国際）「永日小品」

上智大（法）「吾輩は猫である」

上智大（経済）「イズムの功過」

中央大（法）「模倣と独立」


夏目漱石の文章の特徴としては、以下の点があげられる。


英文学・漢文についての奥深い教養。

何事にも過度の期待をしない、すべてのものに対する相対主義的な冷静な態度。

特に、人間関係や文明への淡々とした姿勢。どれをとっても、ある意味で、とても現代的・哲学的な作家である。

解説

問一《漢字の読み》（標準）

(2)「知己《ちき》」とは「知人。親友」という意味。

問二《脱文挿入問題》（やや難）

「互殺の和」は、漱石の造語であり、「力の均衡による和」を意味する。ほぼ同一表現の「相克する血と骨の、僅か平均を得た象徴」（6行目）の直後、つまり「二三十秒の現状」の直前に、脱文が入る。

←「互殺の平和を見出そうと力《つと》めつつある」（10〜11行目）の直後では、「互殺」が同語反復となり、不適切である。

問三《選択問題》（やや難）

「努力の」の「の」は主格の「が」に置き換えられることに注目する。

←「努力が」という主語に対応する述語は、「続かなければならない」（**ハ**）しかない。

問四《空欄補充問題》（難）

「自然は[B]敵」については、「自然に淘汰《とうた》せられんとした男」（35行目）がヒントになる。

←「**自然淘汰《とうた》**」とは、**ダーウィンの進化論**の用語であり、生存の条件に適応する生物は生き残り、そうでないものは滅亡するという意味である。従って、Bには、**ニ**の「**公平で冷酷な**」が入る。

← Cに**ニ**の「**不正で人情のある**」を入れることについては、Bとの対比上も、直前の「社会」との関係でも、問題はない。

問五《並べ換え問題》（やや難）

空欄の前後で、文脈のニュアンスが大きく変化していることに注目する必要がある。

← ロの「病気」が、文脈の変化の理由になる。
イ・ハは病気の前の記述であり、ロ・ニ・ホが病気後の記述になっている。

← [D]の直前の一文は、病気の前の記述であり、それを言い換えた**ハ**が最初になる。イはハを一般化した記述と考える。

← なお、正しい順序に並び替えると、

ハ→イ→ロ→ホ→ニ、となる。

問六《記述問題・選択問題》（やや難）

(1) この冒頭部分は有名である。常識的な知識といえよう。

(2)「棹《さお》さす」とは、「棹を水底につきさして船を前に進める」という意味である。転じて「時の流れ等に乗る」という意味もある。従って、**ニ**が正解となる。**ハ**は誤用である。

問七《選択問題》（やや難）

「この心持ち」は、本文全体の内容をさしている。つまり、大病をきっかけに、周りの人々に親切にされた経験を通じて、敵と感じていた世の中に感謝の気持ちを抱いたことをさしている。

→

「住みにくいとのみ観じた世界に忽《たちま》ち暖かな風が吹いた」（34行目）、「余は病に生き還ると共に、心に生き還った」（36～37行目）、に注目すれば、大病をきっかけに、生や世の中を肯定的に受け入れようとする気持ちを読み取ることができる。

→

イ（×）「生と死が……静寂な心持ち」の部分が誤り。本文に、このような記述はない。

ロ（×）「総体として……心持ち」の部分が誤り。本文の後半部に反する。

ハ（×）「新しい人生観……心持ち」の部分が誤り。本文に、このような記述はない。

ニ（○）前記より、正しい。

ホ（×）「自分が……誇らしく思いつつ」の部分が誤り。本文に、このような記述はない。

解答

（合計点50点・合格点33点）**（やや難）**

問一（小計4点・各2点）**（標準）**

(1) しき

(2) ちき

問二 二三十（7点）**（やや難）**

問三 ハ（7点）**（やや難）**

問四 ニ（7点）**（難）**

問五 ハ（8点）**（やや難）**

問六（小計7点・(1)は4点・(2)は3点）**（やや難）**

(1) 草枕

(2) ニ

問七 ニ （10点）**（やや難）**

著者紹介

夏目漱石（一八六七―一九一六）

小説家・英文学者。東京都生まれ。漱石は、余裕派・高踏派と呼ばれ、鷗外とともに、反自然主義の立場で活動した。近代人の自我を追究し、晩年は則天去私《そくてんきょし》の境地に立った。作品として、「吾輩は猫である」「坊ちゃん」「草枕」「二百十日」「夢十夜」「三四郎」「それから」「門」「思い出す事など」「彼岸過迄《ひがんすぎまで》」「行人《こうじん》」「こころ」「硝子戸《がらすど》の中」「道草」「明暗」などがある。

あとがき

二〇一一年の東日本大震災・福島原発事故は、これ以降の難関大入試の現代文・小論文に、かなり大きな影響を与えたようだ。あの事件は、今振り返ってみても、第二次世界大戦に匹敵する出来事なのだと思う。

二〇一二年の難関大の入試問題を精査してみると、それまでもよりも、本質的・哲学的文章、人間関係・人間存在・生命・科学批判・安全・時代の混乱に焦点を絞った文章が目立ってきている。

私は、この変化をとても好ましいものだと思っている。本来、入試問題は、本質的・哲学的文章であるべきだと思っているからだ。

あらゆる学問の基礎には哲学的視点が不可欠であり、これは欧米では当然の前提である。日本の高校・大学の教育にそれが不足していることに、私はこれまで、少なからず危機感を感じていたのである。

今回、開拓社より、この参考書の依頼が来た時、私は難関大入試におけるこの傾向の変化を、いかに本書に取り入れるかに腐心した。この作業は案外、手間のかかるものだった。

今、全部を書き終えて、全体を振り返ってみると、私の意図は割とうまく達成できたと思っている。

東日本大震災以降、日本人全体の価値観は、大きく変わったのだと感じる。まだ明確には、その全体は把握できないが、何かが大きく変わったのは確かだ。

よくわからないが、よい方向への変化だとは感じる。

その実体を探ることは、我々の日々の課題だと思う。

そして、より良い方向へと進路を変えていくことも。

私は、これから時々この参考書を第三者的立場から読み返して、そのことを考えてみようと思っている。この本を手にした諸君も、受験後も、社会人になっても、そのことを考えていただければ幸いである。この本は、それだけの価値があると自負している。

最後になるが、私の希望を全面的に受け入れてくれた開拓社編集部に深く感謝している。

二〇一三年一月六日

斎藤　隆

〈編著者紹介〉

斎藤　隆（さいとう　たかし）

東京都生まれ。早稲田大学法学部卒業。

現在、早稲田予備校講師。予備校では、選抜クラスの現代文、早大・慶大レベルの小論文を本校および各校で担当。

著書に、『現代文・最新頻出順・キーワード入試問題集』（学燈社）、『最新・現代文予想問題集』（学燈社）、『現代文・書き込み式ドリル』（学燈社）、『頻出・私大の現代文』（開拓社）がある。

共著として、1996～2009年刊の『全国大学・国語入試問題詳解』（学燈社）、2010年刊の『平成23年用全国大学受験・国語入試問題詳解』（角川学芸出版）などがある。


本書の著者は、早大レベルの現代文・早慶レベルの小論文の、講演・出張特別授業等を致します。本書の内容についての質問も受けつけます。詳しくは、開拓社編集部気付（斎藤　隆、親展）で、お手紙をお送り下さい。

*α*プラス 入試突破
頻出 難関私大の現代文

発行日　2013年（平成25年）3月25日　第1版 第1刷©
　　　　2014年（平成26年）9月26日　　　　第2刷

編著者　斎　藤　　隆
発行者　武　村　哲　司
印刷・製本　東京電化株式会社

発行所　株式会社 開　拓　社
〒113-0023　東京都文京区向丘1丁目5番2号
電話（03)5842-8900　FAX (03)5842-5560
振替口座　00160-8-39587
http://www.kaitakusha.co.jp

ISBN978-4-7589-3518-0　C7381　　装丁　中村志保子